Manfred Gailus

Gläubige Zeiten

Manfred Gailus

Gläubige Zeiten

Religiosität im Dritten Reich

HERDER

FREIBURG · BASEL · WIEN

MIX
Papier aus verantwortungsvollen Quellen
FSC® C014496

www.herder.de

Umschlagmotiv: Gedenkgottesdienst für SA-Führer Hermann Voß in der Neuen Garnisonkirche Berlin-Kreuzberg (1934)
Bildnachweis: © SZ Photo / Scherl / Bridgeman Images
Umschlaggestaltung: Finken & Bumiller, Stuttgart

Satz: ZeroSoft, Timişoara
Herstellung: GGP Media GmbH, Pößneck
Printed in Germany

ISBN Print: 978-3-451-03339-1
ISBN E-Book (E-Pub): 978-3-451-82495-1
ISBN E-Book (E-PDF): 978-3-451-82482-1

Inhalt

Vorwort

Das vorliegende Buch ist zum größeren Teil während der Coronapandemie im Jahr 2020 geschrieben worden. Die allgemeine Stilllegung des öffentlichen Lebens hatte auch manche Vorteile: mehr Ruhe, mehr Zeit, mehr Besinnung. Ich habe daher versucht, meine Forschungen der letzten zwei bis drei Jahrzehnte über Religion, Konfessionen, Kirchen und Nationalsozialismus auf sehr knappem Raum zusammenzufassen. Das Ganze sollte eine gewisse Länge nicht überschreiten. Vieles, was zu diesem Thema auch noch zu sagen wäre, musste deshalb abgekürzt oder ganz herausgelassen werden. Ich hoffe dennoch, das schmale Bändchen wird lebhafte Diskussionen anstoßen und die Erkenntnis historischer Sachverhalte zum Themenkomplex Religiosität im „Dritten Reich" voranbringen.

Für Hinweise, Anregungen und Kritik möchte ich danken: Prof. Dr. Horst Junginger (Leipzig), Dr. Antonia Leugers (München und Erfurt), Armin Nolzen, MA (Warburg) und Prof. Dr. Kevin P. Spicer (Stonehill College/USA).

Berlin, im Mai 2021

Begriffe, Fragen und Probleme

Woran glaubten die Deutschen zur Hitlerzeit? Diese Frage ist auch nach Jahrzehnten intensiver Forschungen zum Nationalsozialismus nicht leicht zu beantworten. „Glaube“ und „glauben“ sollen hier in ihrer religiösen Bedeutung verstanden werden, als elementare Dispositionen von Menschen gegenüber letzten Sinnfragen nach Leben und Tod. Es geht folglich um Glaube an Gott, um Empfindung, Erlebnis und Erfahrung von Transzendenz, um Sterblichkeit, um Endlichkeit und Fortleben nach dem Tod. Es geht um die Suche nach Sinn und gläubige Antworten auf die großen Fragen menschlichen Lebens: den Umgang mit Leiden, um Erfahrung und Bewältigung von Schicksalsschlägen, kurz: Es geht um den Umgang mit den Kontingenzerfahrungen menschlichen Lebens schlechthin. Historisch konkreter wird in diesem Buch danach gefragt, wie religiös die Deutschen der Hitlerzeit waren und welche Rolle das Religiöse, vor allem das Christentum in Gestalt der beiden großen christlichen Konfessionen, in Politik, Kultur und Gesellschaft dieser Epoche spielten?[1]

War zu wenig religiöser Glaube zwischen 1933 und 1945 vorhanden und geschah deshalb die schlimme Entgleisung der Deutschen auf dem Weg in die Moderne? Oder haben die Deutschen womöglich zu viel geglaubt und geschah ihr Abgleiten in die verheerenden Katastrophen des Zweiten Weltkriegs und des Holocaust aufgrund eines Zuviel an Glauben, infolge eines Überschusses an Gläubigkeit und Religion? Oder handelte es sich bei der NS-Epoche eher um eine weithin areligiöse, säkulare Zeit, eine Epoche forcierter „Gottlosigkeit“, in der womöglich Glaube, Bekenntnis, Religiosität für den allgemeinen Gang der Ereignisse in Politik, Kultur und Gesellschaft überhaupt keine wesentliche Rolle spielten?

Historische Epochen tragen Namen – sie führen Bezeichnungen, die sie charakterisieren sollen. Man spricht vom deutschen Kaiserreich oder der Wilhelminischen Epoche, von Weimarer Republik und für die Epoche von 1933 bis 1945 heute vorwiegend vom Nationalsozialismus. „Nationalsozialismus" war eine Selbstbezeichnung der NS-Bewegung, die 1933 die Macht erlangte. Wahlweise ist auch vom „Dritten Reich" die Rede – teils mit, teils ohne Anführungszeichen. Auch das war eine Selbstbezeichnung der NS-Bewegung und ihrer seit 1933 allein und diktatorisch herrschenden Partei. Häufig werden historische Epochen mit den Namen sie prägender Persönlichkeiten versehen. Insofern wird hier wahlweise auch von Hitlerzeit gesprochen. Darf man das überhaupt? Ist das legitim? Oder erwiese man damit einem offenkundigen politischen Hasardeur und Verbrecher zu viel Anerkennung? Historikerinnen und Historiker sprechen von Lutherzeit, von der friderizianischen Epoche, von Goethezeit, von Bismarckzeit oder von der Adenauerära und nun bald auch von der Merkelzeit. Es scheint mir insofern angebracht, für die in Rede stehende Epoche auch von Hitlerzeit zu sprechen. Denn es gab und gibt keine andere Epoche deutscher Geschichte, die so sehr und ausschließlich von einer Person geprägt war wie die Zeitspanne von 1933 bis 1945.[2]

Folgt man den präzisen Zahlen der Religionsstatistik, dann war das Deutsche Reich der Hitlerzeit ein christliches Land: Um 95 Prozent der Bevölkerung gehörten den beiden großen christlichen Konfessionen an – zwei Drittel von 65 Millionen Deutschen waren Protestanten, ein Drittel war katholisch.[3] Zu gleicher Zeit gab es Millionen von Männern und Frauen, die seit 1930 in wachsender Zahl begannen, die Hitlerpartei zu wählen. Aus Wählerinnen und Wählern wurden bald Parteigenossinnen und Parteigenossen, die sich seit 1933 in großer Zahl der NSDAP anschlossen und sie zu einer Massenpartei von schließlich rund neun Millionen Mitgliedern machten. Viele von ihnen verehrten „den Führer" als einen Retter aus höchster Not, als Erlöser oder neuen deutschen Messias.[4]

Aus dieser doppelten Zugehörigkeit zu christlichen Konfessionen einerseits und zur totalitär herrschenden politischen Partei andererseits resultierte bei vielen Zeitgenossen die uns heute seltsam anmutende Haltung einer doppelten Gläubigkeit, die kaum zu verstehen ist: Viele Deutsche blieben ihrer christlichen Herkunftsprägung mehr oder minder verhaftet, sie blieben Mitglied einer christlichen Konfession, und gleichzeitig begeisterten sie sich mit einer gläubig zu nennenden Emphase für den Führer der NS-Bewegung, für deren weltanschauliche Zielsetzungen und für viele außen- wie innenpolitische Maßnahmen des NS-Regimes.

Dieses Buch handelt von traditionellen christlichen Ausprägungen, von ihren aktuellen Umprägungen und von partiellen Neuprägungen des Religiösen im „Dritten Reich". Besondere Beachtung finden dabei die erstaunlichen Mischungsverhältnisse individueller Gläubigkeiten der Hitlerzeit. Nationalsozialistische Bekenntnisse und christliche Tradition verschränkten sich in zeittypischen religiösen Gemengelagen. Dieses geistig-kulturelle Grundphänomen der NS-Epoche wird in neueren Untersuchungen mit Begriffen wie religiöser Doppelglaube, multiple Gläubigkeit oder hybride Doppelgläubigkeit gedeutet. Ein prägendes Epochenphänomen war folglich nicht allein der Gegensatz von Christentum und NS-Weltanschauung, den es zweifellos gab und der eine gewichtige Rolle spielte, sondern zugleich die ebenso religiöse wie politische Kompatibilität beider Glaubenspositionen bei vielen Zeitgenossen. Es ist vor allem dieses Phänomen, das bei einer kultur- und religionsgeschichtlichen Neudeutung der Epoche in das Zentrum der Aufmerksamkeit zu rücken hat.[5]

Um ein Bild zu gebrauchen: In dieser Studie wird der Versuch unternommen, aus großer Höhe, wie aus der Flugzeugperspektive, auf die religiösen Akteure der Hitlerzeit zu schauen. Aus dieser Perspektive zeichnen sich Strukturen und Wandlungen einer Religionslandschaft ab, die für die zeitgenössischen Akteure zumeist nicht überschaubar waren. Ihre diversen und häufig in Konkurrenz stehenden Bekenntnisse sowie ihre religiöse Performance, ihre Allianzen wie ihre heftigen Zusammenstöße mit rivalisierenden Akteursgruppen sollen mit Bemühen um Äquidistanz und daher im Stil so sachlich und nüchtern wie nur möglich beschrieben werden.

Schaut man in dieser Weise, gewissermaßen aus der Vogelperspektive, auf die religiösen Expressionen, Kämpfe und Leiden der Epoche, so entsteht nicht der Eindruck, es habe sich bei der Hitlerzeit um eine religionsarme oder gar religionslose Epoche, um eine „gottlose“ Zeit gehandelt. Tatsächlich ist von „gläubigen Zeiten“ zu sprechen. Glaube in vielerlei Schattierungen hatte hohe Konjunktur. Von „Gott“ (wahlweise auch vom „Herrgott“, vom „Allmächtigen“, vom „Schöpfer“ oder von der „Vorsehung“) und von „Glaube“ oder von „Bekenntnis“ war ungewöhnlich häufig die Rede. Viele Zeitgenossen, Männer wie Frauen, meinten plötzlich, sich „bekennen“ zu sollen oder zu müssen. Daher springt die Fülle von unerhört vielen religiösen Glaubensbekundungen, schriftlichen Bekenntnissen, religiös motivierten kollektiven Handlungen sowie heftigen Glaubenskonflikten sofort ins Auge. Eine solche massive Präsenz oder Wiederkehr des Religiösen im zweiten Drittel des 20. Jahrhunderts veranlasst den Autor, der aus dem größeren Zeitabstand des 21. Jahrhunderts zurückschaut, zu Schlussfolgerungen über den historischen Ort des Religiösen während der Hitlerzeit, die vermutlich noch heute heftigen Widerspruch hervorrufen werden. Die Grundthese dieses Buches von der Wiederkehr des Religiösen oder „gläubigen Zeiten“ widerspricht jahrzehntelang eingeübten, erinnerungspolitischen Sehgewohnheiten der Nachkriegszeit.

I.
Christliche Konfessionen und Nationalsozialismus

1933 als religiöses Erlebnis

Als Hitler zur Macht gelangte, hatten Glaube und religiöses Bekenntnis Hochkonjunktur. Denn viele Zeitgenossen erfuhren das Umbruchjahr 1933 nicht allein als politische Zäsur, sondern zugleich als Auftakt eines *religious revival*, als wundergleiche Erfüllung lang gehegter Erwartungen. Als *pars pro toto* für die gehobene Stimmungslage dieses religiösen Aufbruchs kann der reichsweit gefeierte „Tag von Potsdam" am 21. März 1933 gelten. An diesem zugleich national-konservativ wie religiös geprägten Jubeltag verabschiedete eine knappe Majorität der Deutschen die ungeliebte Weimarer Republik mit Dankgottesdiensten, Glockengeläut, Militärparaden und nächtlichen Freudenfeuern. Das geschah nicht allein in Potsdam, sondern in landesweit zelebrierten Feiern und Zeremonien. Nicht zufällig fand die maßgebliche staatspolitische Symbolhandlung dieses Tages mit kirchlichem Segen in der traditionsreichsten preußischen Militärkirche in Potsdam statt.[1]

Tonangebend von kirchlicher Seite wirkte an diesem Festtag Otto Dibelius mit. Der einflussreiche preußische Generalsuperintendent der Kurmark predigte vor Reichspräsident Paul von Hindenburg sowie einem Großteil der soeben neu gewählten protestantischen Reichstagsabgeordneten von Nationalsozialisten und Deutschnationalen in der Potsdamer Nikolaikirche. „Ist Gott für uns, wer mag wider uns sein?" – so lautete nach Römer 8, Vers 31, das Predigtmotiv des prominenten preußischen Kirchenführers. Es war exakt jener Text, über den am 4. August 1914 Hofprediger Ernst von Dryander in Berlin zum Auftakt des Ersten Weltkriegs gepredigt hatte. Dibelius' Textwahl war gewiss eine Reverenz an die hochpatriotische *Gott ist mit uns*-Stimmung vom August 1914, die viele Protestanten während des Umbruchjahres 1933 aufs Neue empfanden. Auch jetzt riefen Dibelius und mit ihm Reichspräsident Hindenburg sowie das vereinte nationale Lager auf der politischen Rechten Gott als ihren Alliierten im „nationalen Aufbruch" von 1933 an. Wenngleich Dibelius' Predigt auch leicht kritische Untertöne gegenüber der nicht zu übersehenden Gewaltpraxis der neuen Machthaber enthielt, so erlag er doch im Ganzen der euphorischen Aufbruchsstimmung der Bürgerlichen und Konservativen, der Nationalen und Völkischen sowie der kräftig anschwellenden NS-Bewegung. Die Kirche dürfe, so meinte Dibelius unter Verweis auf Luther, der „rechtmäßigen staatlichen Gewalt" nicht in den Arm fallen, wenn sie das tue, wozu sie berufen sei. Wenn der Staat gegen die Feinde der staatlichen Ordnung vorgehe, dann möge er in Gottes Namen seines Amtes walten. Sollte „die Ordnung" wiederhergestellt sein, meinte der Prediger an diesem strahlenden Frühlingstag des März 1933, dann müsse wieder Gerechtigkeit und Liebe walten. In Oranienburg unweit von Berlin wurde am selben Tag das Konzentrationslager für die Hauptstadtregion eröffnet.[2]

Der anschließende Staatsakt in der Garnisonkirche begann mit dem Choral „Nun lob, mein Seel, den Herren" des Königsberger Pfarrers Johann Gramann (Text um 1540). Nach kurzer Ansprache Hindenburgs gab Hitler eine Art Regierungserklärung, sehr vage und im Ton moderat. Es war – soweit bisher bekannt – die einzige Rede, die Hitler jemals in einer Kirche hielt. Der Reichskanzler dankte dem Reichspräsidenten für seinen Entschluss, am 30. Januar das „junge Deutschland" mit der Staatsführung zu betrauen. Was während dieser gleichermaßen politischen wie kirchlichen Zeremonie in der Garnisonkirche vor sich ging, bezeichnete der Reichskanzler als „die Vermählung […] zwischen den Symbolen der alten Größe und der jungen Kraft". Preußen und Hitlerbewegung reichten sich die Hand. Nach Aufzählung allgemein gehaltener Zielsetzungen des von Deutschnationalen und Nationalsozialisten gebildeten neuen Kabinetts der „nationalen Konzentration“ wandte sich Hitler erneut mit Dank an den greisen Reichspräsidenten: „Heute, Herr Generalfeldmarschall, lässt Sie die Vorsehung Schirmherr sein über die neue Erhebung unseres Volkes. Dieses Ihr wundersames Leben ist für uns alle ein Symbol der unzerstörbaren Lebenskraft der deutschen Nation. So dankt Ihnen heute des deutschen Volkes Jugend, und wir alle mit, die wir Ihre Zustimmung zum Werk der deutschen Erhebung als Segnung empfinden.“[3]

Otto Dibelius hatte während dieser Zeremonie als hoher preußischer Kirchenvertreter in der ersten Reihe gesessen. Wenige Tage später schilderte er die Szene im kirchlichen Sonntagsblatt: Würdig, ernst und eindrucksvoll seien Hitlers Worte gewesen. „Zum Schluss der Rede die Kundgebung an den Reichspräsidenten. Alles erhebt sich. Als das letzte Wort gesprochen ist, tritt Hitler von dem Pult zurück. Der Reichspräsident tut einen Schritt nach vorn und streckt ihm die Hand entgegen. Hitler ergreift sie und beugt sich tief, wie zum Kuss, über die Hand des greisen Feldmarschalls. Es ist eine Huldigung in Dank und Liebe, die jeden ergriffen hat, der sie mit ansah.“[4]

*

Protestanten wie Katholiken feierten im Umbruchjahr 1933 das Ende der Weimarer Republik, die Protestanten mit deutlich mehr Emphase und Euphorie als die emotional weniger bewegten Katholiken. Die demokratische Republik, vielfach wegen der religionsneutralen Haltung des Weimarer Staates in kirchlichen Polemiken auch als „Gottlosenrepublik“ geschmäht, war ihnen zum Sinnbild für die verhasste Säkularisierung schlechthin geworden. Man hatte, das war offenkundig, unter wachsender Entkirchlichung und Entchristlichung gelitten. Liberale und Freidenker, Sozialisten und Kommunisten propagierten den Kirchenaustritt, etliche unter den „Gottlosen“ die Feuerbestattung und weltliche Schulen mit moderner reformpädagogischer Orientierung, Koedukation und ohne Religionsunterricht. Auch von einer angeblich ins Unerträgliche gewachsenen ‚Verjudung' in Staat, Kultur und Gesellschaft war bei Protestanten und Katholiken hier und da die Rede.[5]

Und nun dagegen das *Erlebnis 1933*: Die Kirchenaustritte hörten plötzlich auf. In protestantischen Großstädten und Industrieregionen hatten sie bis 1933 ein bedrohlich erscheinendes Ausmaß angenommen. So verließen in Berlin in den letzten Jahren der Weimarer Republik jährlich Zehntausende die evangelische Kirche. In der protestantischen Großstadt Hamburg sah es kaum besser aus. Daher freuten sich besonders die evangelischen Kirchen seit dem Wendejahr 1933 über eine Welle von Wiedereintritten. Ein kollektives Gefühl von Umkehr, von anhebender Rechristianisierung griff um sich. „Volksmission" lautete nun das kirchliche Gebot der Stunde.[6]

Symptomatisch war eine Episode in Berlin: Zwei vom Nationalsozialismus begeisterte evangelische Pfarrer besetzten mit einem Trupp SA im März 1933 die Berliner Zentrale der Freidenkerbewegung und eröffneten dort ein Büro zum Wiedereintritt in die Kirche.[7] In der nun anbrechenden neuen Zeit musste man Konfession haben. Wer konfessionslos war im „Dritten Reich", der geriet rasch in den Geruch einer marxistisch kontaminierten „Gottlosigkeit" aus vergangenen Klassenkampfzeiten. Organisationen von Freidenkern, Gewerkschaften, Sozialdemokraten und Kommunisten, die allesamt nicht kirchenfreundlich waren, wurden sofort verboten. An den pädagogisch modernen, konfessionsneutralen Reformschulen aus der Republikzeit wurde umgehend der christliche Religionsunterricht wieder eingeführt und schon bald kam das neue Schulfach „Rassenkunde" hinzu. Liberale, konfessionslose und politisch linksorientierte Pädagoginnen und Pädagogen, darunter vor allem Schulleiter und Lehrer jüdischer Herkunft, wurden entlassen.[8]

Am 10. Mai 1933 brannten im Verlauf einer von nationalen Studenten reichsweit inspirierten Kampagne „Wider den undeutschen

Geist" die Schriften modern-liberaler, marxistischer, teilweise auch jüdischer Autoren auf dem Berliner Opernplatz, dem heutigen Bebelplatz. Bücher von Karl Marx und Karl Kautsky, Heinrich Mann und Sigmund Freud, Erich Maria Remarque, Kurt Tucholsky und Carl von Ossietzky landeten unter martialischen „Feuersprüchen" in den Flammen. Hier wurde in symbolischer Aktion der angeblich „marxistische" und „liberalistische" Geist der Weimarer Republik dem Feuer übergeben. Erich Kästner, dessen eigene Schriften ebenfalls ein Raub der Flammen wurden, hat als Augenzeuge die barbarischen Szenen des Berliner Autodafés geschildert.[9] In Frankfurt am Main tat sich ein evangelischer Pfarrer hervor, der am 10. Mai auf dem Römerberg die Brandrede hielt. Er rief die Versammelten zu einem „Bekenntnis zum deutschen Wesen" auf und ermahnte die Jubelmenge, sich für immer von jenen „undeutschen" und „zersetzenden" Schriften zu befreien.[10]

Zu gleicher Zeit schossen religiöse Bekenntnisse, Grundsätze und Thesen in Form von Artikeln, Flugschriften, Heftchen und Büchern wie Pilze aus dem Boden. Diese Publikationsflut war Bestandteil einer geistig-weltanschaulichen Gegenoffensive. Sie repräsentiert so etwas wie die völkisch-religiöse Antithese zum säkularen Geist der verbrannten Bücher. Einige einschlägige Statements aus dem protestantischen Kirchenbereich seien namentlich genannt: Da gab es ein *Osnabrücker Bekenntnis*, ein *Wort und Bekenntnis westfälischer Pastoren*, das umfangreiche und grundsätzliche *Tecklenburger Bekenntnis* ostwestfälischer Pfarrer, das *Loccumer Manifest* zur Vorbereitung einer evangelischen Reichskirche, das *Güstrower Bekenntnis*, die *Rengsdorfer Thesen*, schließlich die explizit völkisch-antisemitischen Richtlinien einer *Glaubensbewegung Deutsche Christen* und die radikalen Thüringer Richtlinien der *Kirchenbewegung Deutsche Christen*.[11]

Auch an einschlägig sprechenden Buchtiteln fehlte es nicht. Meistens handelte es sich bei diesen Publikationen um rasch hingeworfene Bekenntniszeilen, entstanden unter dem Eindruck des

„nationalen Aufbruchs", Expressionen einer überschießenden nationalen Begeisterung. Kaum ein Theologe wollte angesichts einer Hochkonjunktur nationaler und völkischer, kirchlicher wie theologischer Wortmeldungen zurückbleiben. *Wir fahren mit im neuen Zug der Zeit und wir missionieren* – so lautete nun die Devise. Einige Beispiele: Paul Althaus, *Die deutsche Stunde der Kirche,* Göttingen 1933; Walter Grundmann, *Totale Kirche im totalen Staat*, Dresden 1934; Emanuel Hirsch, *Deutsches Volkstum und evangelischer Glaube*, Hamburg 1934; Gerhard Kittel, *Die Judenfrage*, Stuttgart 1933; Walter Künneth/Helmuth Schreiner (Hg.), *Die Nation vor Gott. Zur Botschaft der Kirche im Dritten Reich,* Berlin 1933; Hans Preuß, *Luther und Hitler*, Neuendettelsau 1933; Wilhelm Stapel, *Die Kirche Christi und der Staat Hitlers,* Hamburg 1933; Erich Vogelsang, *Luthers Kampf gegen die Juden*, Tübingen 1933; Hermann Werdermann, *Martin Luther und Adolf Hitler*, Gnadenfrei (Schlesien) 1936; Friedrich Wieneke, *Deutsche Theologie im Umriss*, Soldin 1933.[12]

Und jenseits christlicher Aufrufe sprudelten genuin völkische Glaubensbekenntnisse in großer Zahl in der religiös erregten Öffentlichkeit von 1933: Da gab es eine *Confessio Germanica* des Leipziger Philosophen Ernst Bergmann; ein *Glaubensbekenntnis der Deutschen Volkskirche* des völkischen Schriftstellers Artur Dinter; der Kieler evangelische Theologe Hermann Mandel meldete sich mit *Thesen Deutscher Reformation* zu Wort; die soeben entstandene Deutsche Glaubensbewegung publizierte 1934 ihre *Scharzfelder Richtlinien;* ein *Nordisches Artbekenntnis* und geistesverwandte völkische Glaubensbekenntnisse überschwemmten das Land.[13]

Dankenswerterweise beobachtete der Zeitgenosse Kurt Dietrich Schmidt, ein junger Theologe an der Universität Kiel, die exorbitante Bekenntnisflut der ersten Regimejahre aufmerksam und dokumentierte sie in drei umfangreichen Bänden auf insgesamt 730 Druckseiten mit knapp 300 Einzelstücken. Schon in seiner Einleitung zum ersten Band (für 1933) betont er: „Wir stehen vor der erstaunlichen Tatsache, dass eine 14 Jahre dauernde, mehr oder minder offene, zum Teil leidenschaftliche Bekämpfung des Christentums kaum ein Bekenntnis gezeitigt hat, ein einziges Jahr nationalsozialistischer Regierung dagegen eine Hochflut." Da die NS-Bewegung den Anspruch auf Totalität erhebe, seien die christlichen Kirchen gezwungen, den „Totalanspruch Gottes" dem Totalanspruch des nationalsozialistischen Staates gegenüberzustellen. Man sei vom Rassenglauben mit einer „Wendung ins Religiöse" dazu übergegangen, einen „neuen Deutschen Glauben" zu konzipieren.[14] Die umfangreiche Quellenedition mit Belegen für die Jahre 1933 bis 1935 liefert eine eindrückliche Bestätigung der hier vertretenen These vom *religious revival* der Hitlerzeit mit besonderer Betonung der Anfangsjahre. Sie hat bislang viel zu wenig Beachtung in der Forschung gefunden.[15]

Während der Sommermonate 1933 breiteten sich in protestantischen Großstädten kirchliche Massentrauungen und Sammeltaufen aus. Zumeist von nationalsozialistisch begeisterten Pfarrern initiiert, kam es dabei zu spektakulären öffentlichen Straßenumzügen. Von der Zwölf-Apostel-Gemeinde in Berlin-Schöneberg wurde beispielsweise im August 1933 berichtet: „Es war ein herrliches Bild, als am letzten Sonntagnachmittag 54 SA-Hochzeitspaare unter Vorantritt der Fahnen der Ortsgruppe ‚Schill' und unter Klängen des Präludiums ‚Großer Gott, wir loben Dich' die Zwölf-Apostel-Kirche betraten." Allein in dieser Gemeinde fanden im Verlauf des Jahres 1933 vier Sammeltrauungen statt, durch die kirchenferne evangelische Ehepaare aus dem SA-Milieu einer nachholenden kirchlichen Trauung zugeführt wurden. Bei einer der größten Berliner Massentrauungen im September 1933 erhielten 94 Paare aus SA- und NSDAP-Kreisen in der Tempelhofer Glaubenskirche den kirchlichen Segen.[16]

Komplementär breiteten sich Sammeltaufen ungetaufter Schulkinder aus kirchenfernen Familien in proletarisch geprägten ‚roten Stadtvierteln' aus. Angeführt von Lehrern und begleitet von Posaunenklängen war am dritten Advent 1933 im vormals „roten Wed-

Massentrauung von 37 Brautpaaren in der Lazaruskirche (Berlin-Friedrichshain, 2. Juli 1933). Die Brautpaare auf dem Weg zur Kirche

ding" ein feierlicher Zug von Schulkindern zu sehen, der sich zur Osterkirche begab. In der voll besetzten Kirche habe der Vorbeimarsch der Kinder am Taufbecken (inklusive Taufakt) etwa eine Stunde gedauert. In seiner Taufpredigt betonte der deutschchristliche Pfarrer Dr. Johannes Hülle: Auch heute noch könne Christus der deutschen Frömmigkeit als Führer der deutschen Seele zu Gott dienen. Im Jahr 1935 fasste der von Deutschen Christen beherrschte Gemeindekirchenrat dieser Gemeinde den Beschluss, künftig keine „Nichtarier" mehr zu taufen.[17]

Wiedereintritte in die Kirche, nachholende kirchliche Sammeltrauungen, Massentaufen ungetaufter Schulkinder aus „gottlosen" Arbeiterfamilien und ganz generell die mobilisierende Parole von der „Volksmission" – das waren Stichworte, die nicht nur Anhänger der völkischen Deutschen Christen im Protestantismus bewegten. Sie stehen für die religionsgeschichtliche Wende von 1933, die von hochfliegenden Hoffnungen auf generelle Rechristianisierung mitgeprägt war. Es war schließlich die Parteiführung der NSDAP, die einen solchen christlichen Missionierungseifer nationalsozialistischer Pfarrer schon bald ausbremsen sollte und öffentliche Umzüge und Kundgebungen der geschilderten Art untersagte. Vor dem Hintergrund eigener religionspolitischer Zielsetzungen duldeten die neuen Machthaber diese Art christlicher Konkurrenz in der nun immer schärfer kontrollierten Öffentlichkeit des „Dritten Reiches“ nicht.[18]

Im Vergleich mit den Protestanten waren die deutschen Katholiken zweifellos weniger bewegt durch das *Erlebnis 1933*. Dabei entstammten etliche Führungspersonen des neuen Regimes wie Adolf Hitler, Joseph Goebbels oder Heinrich Himmler frommen katholischen Elternhäusern und blieben teils bis Kriegsende 1945 Mitglieder ihrer katholischen Kirche. Franz von Papen, der erheblichen Anteil am Machtwechsel 1933 hatte, war bekennender Katholik. Grund zur Freude hatten viele katholische Deutsche insoweit, als nun durch Liquidierung der Linksparteien und der zugehörigen Vereine und Verbände die angeblich drohende „bolschewistische Gefahr“ gebannt schien. Katholiken erlebten 1933 vor allem durch Abschluss des Konkordats zwischen der Reichsregierung und dem Vatikan (20. Juli 1933) ihr bewegendes Momentum, das in Dankgottesdiensten und öffentlichen Kundgebungen gefeiert wurde. Was die generelle Haltung zum neuen Regime betraf, so meinten die meisten Bischöfe und Majoritäten in Klerus und Kirchenvolk, man dürfe nun im Wettbewerb um die Gunst „des Führers“ nicht hinter den Protestanten zurückbleiben. „Mitmachen“ und „Anschmiegen“ lautete hier das Gebot der Stunde. Wie die Volksabstimmung (Austritt aus dem Völkerbund) und die nicht mehr demokratische Reichstagswahl vom November 1933 zeigten, hatte in rein katholischen Regionen die bisherige Zurückhaltung gegenüber dem Nationalsozialismus nachgelassen. Das katholische Wahlverhalten glich sich demjenigen in protestantischen Gebieten an.[19]

Viele weitere einschlägige Massenereignisse, Gruppenerlebnisse und andere Symptome eines generellen *religious revival* lassen sich aufzählen bis zum Jahresende 1933. Hervorgehoben sei hier die vor einem großen öffentlichen Publikum inszenierte Kür eines evangelischen Reichsbischofs im September 1933 in der Lutherstadt Wittenberg anlässlich der ersten Nationalsynode der neu gegründeten Deutschen Evangelischen Kirche (DEK). Ein weiterer Höhepunkt waren die ausgedehnten Lutherfeiern aus Anlass des 450. Geburtstags des Reformators, die seit August insbesondere an den historischen Luther-Stätten mit großem Aufwand inszeniert wurden: beispielsweise in Eisleben vom 19. bis 27. August, in Wittenberg vom 9. bis 13. September, in der Wartburgstadt Eisenach vom 7. bis 15. Oktober und in Berlin am 19. November. Alle diese Manifestationen nährten die Erwartung einer durch das Wendejahr 1933 inspirierten religiösen Erneuerung, und nicht wenige Zeitgenossen wähnten sich bereits mitten darin.[20]

Zur Jahreswende 1933/34 resümierte ein gemäßigter Pfarrer der *Glaubensbewegung Deutsche Christen* in einer Bilanz zum Jahreswechsel: „Ein Jahr der Größe“ gehe nun zu Ende. Und es sei gerade „diese Größe“ gewesen, die den Deutschen während der elenden Weimarer Nachkriegszeit gefehlt habe. Das Jahr 1933 habe, so meinte der Theologe, uns Deutschen wieder „Heldentum“ und „Größe“ gebracht. Nach außen sei Deutschland wieder zu einer geachteten Nation aufgestiegen. Und im Innern sei an die Stelle eines „selbstmörderischen Treibens des Klassenkampfes“ das Wunder neu errungener Volkseinheit getreten. Das Wertvollste für ihn als Pfarrer sei schließlich jenes wunderbare Neue und Große, was sich im „innersten Erleben“ der Deutschen, im Religiösen, ankündige.[21]

Viele der freudig-religiös gestimmten Zeitgenossen von 1933 fühlten sich inmitten einer großen geistig-moralischen Umkehr, einer geschichtlichen Kehrtwende. Sie interpretierten das Geschehen als Umkehr des europäischen Säkularisierungstrends seit 1789, als Absage an die europäischen Revolutionen von 1848/49 und die russische Revolution von 1917, als Liquidierung des angeblich undeutschen Geistes der verhassten demokratischen Revolution von 1918/19, als Wiederanknüpfen an den heroisch-frommen, preußisch-deutschen Geist der Kriegsjahre 1914–18. Um die These eines generellen *religious revival* für das „Dritte Reich" zu belegen, wird man – über die Performance der beiden großen christlichen Konfessionen hinaus – das gesamte religiöse Feld der 1930er Jahre mit seinen diversen Akteuren, deren Glaubensbekenntnissen und Aktionen, ihren Rivalitäten und Konfrontationen mit religiösen Konkurrenten und Widersachern inspizieren müssen. Es gab – das ist wichtig und wird vielfach übersehen – ein beträchtliches Maß an freigesetzten religiösen Energien, an Kreativität und Bewegung jenseits der christlichen Kirchen. Auch dort ereignete sich „Glaube", auch dort manifestierte sich religiöses Bekennen. Der Historiker Thomas Nipperdey hat dieses Phänomen bereits für das Kaiserreich als „vagierende Religiosität" beschrieben.[22] Einen Glaube, ein Bekenntnis, eine Religion zu haben war längst kein Monopol mehr des traditionellen Christentums, repräsentiert von den beiden großen christlichen Konfessionen. Der Umstand, dass während dieser in Glaubensdingen so aufgewühlten Zeit um 1933 unter den religiösen Akteuren auch viel für wahren oder rechten ebenso wie gegen vermeintlich falschen oder irrenden Glauben und über Bekenntnis- und Weltanschauungsfragen gestritten wurde – alles dies spricht nicht gegen die These einer religiösen Intensivierung, sondern im Gegenteil eher für sie.

Die Protestanten – ein vielstimmiger, dissonanter Chor

Es empfiehlt sich, zuerst auf die Protestanten zu schauen. Sie umfassten zwei Drittel der Deutschen und waren deshalb in gesellschaftsgeschichtlicher Hinsicht von besonders hohem Gewicht. Hauptereignis in der christlichen Mehrheitskonfession war im Umbruchjahr 1933 der Angriff der völkisch-antisemitischen *Glaubensbewegung Deutsche Christen* (DC) und namensverwandter Gruppen auf die Bastionen der „alten Kirche". Ebenso wie die Nationalsozialisten im Begriff standen, den Staat zu erobern, schickten sich die Deutschen Christen an, die Institutionen der überlieferten Kirche zu besetzen und nach ihren Vorstellungen umzuwandeln. Unter Parolen wie „Ein Volk – ein Reich – ein Glaube" verfolgte diese innerkirchliche Parallelbewegung zur NSDAP das Projekt einer Vereinigung der 28 evangelischen Landeskirchen zu einer zentralisierten Reichskirche. Diese sollte von Berlin aus durch einen straff nach dem „Führerprinzip" regierenden Reichsbischof repräsentiert werden. Der Vormarsch von Nationalsozialisten und deutschchristlichen Kirchenbewegungen übte mächtige Impulse auf die Kirchen aus und schüttelte deren verkrustete Strukturen kräftig durch, auch wenn das deutschchristliche Reichskirchenprojekt nach knapp zwei Jahren im Herbst 1934 scheiterte. In vielen Landeskirchen eroberten Deutsche Christen indessen die Vorherrschaft. In der großen preußischen Landeskirche okkupierten sie die Führungspositionen. In anderen Regionen drangen sie lediglich halbwegs durch. Selbst in den drei „intakten" lutherischen Landeskirchen Hannover, Bayern und Württemberg übten sie beträchtlichen kirchenpolitischen Einfluss aus.[1]

Es waren professionelle Theologen, Hochschullehrer und vor allem Pfarrer, die den Geist dieser christlich-völkischen Kirchenbewegung mit radikalen Reformzielen bestimmten. Teils schon vorher und vermehrt seit 1933 verkündeten sie in exaltierten Bekenntnissen ihren neuartigen, christlich-nationalsozialistischen Doppelglauben. So schilderte bereits 1932 der aus Pommern stammende Pfarrerssohn Siegfried Nobiling seinen Weg zur NSDAP. Als er 1928 nach Berlin kam, habe er die Publikationen der Hitlerpartei mit Interesse gelesen, Parteiveranstaltungen besucht und sei schließlich im Mai 1929 eingetreten. „Zusammenfassend kann ich nur aus ehrlichstem Herzen gestehen", so bekannte er, „dass der Nationalsozialismus für mich Schicksal und Erlebnis war. Rein stehe ich da vor meinem Gott, vor meiner Kirche und vor meinen Parteigenossen und kann nur sagen: Ich konnte nicht anders!" Die nationalsozialistische Bewegung erschien ihm als ein neues, mächtiges „Wir-Erlebnis". Dieses neue Gemeinschaftserlebnis war für Pfarrer Nobiling dreifach bestimmt: Erlebnis einer neuen „Volksgemeinschaft", einer „Rassengemeinschaft" und einer „Schicksalsgemeinschaft". Allein durch das nationalsozialistische Erlebnis der „Volksgemeinschaft" könne, so meinte er einschränkend, das „selbstische Ich" nicht vollkommen überwunden werden. Es bedürfe daher des Christentums, um der „volksgemeinschaftlichen Erhebung der deutschen Seele zum Siege zu verhelfen". Nobiling bekannte sich ohne Umschweife auch zu einem „Rassenerlebnis". Nicht nur die Seele, auch der Leib sei eine Schöpfung Gottes, ein Heiligtum, das nicht ohne schweren Schaden „verunreinigt" werden dürfe. Die Belange der Rasse hätten ihre Geltung, soweit dies dem Volksganzen nützlich sei. Damit folgten wir, so der Theologe, lediglich den „Spuren des Schöpfergottes". Im Judentum erblickte der Pfarrer die „geistleibliche Vergiftung unserer Rasse". Durch Pflege einer „artgemäßen Kultur" werde schließlich die „Hochzüchtung der nordischen Rasse" ganz von selbst kommen. Eine so verstandene „Rassenkultur" stünde den Belangen des Christentums niemals entgegen. Das Schicksal des deutschen Volkes kön-

Pfarrer Joachim Hossenfelder (Mitte) und der zukünftige Reichsbischof Ludwig Müller (links) am Rande einer Veranstaltung 1933

ne nur anders werden, wenn der Fremdkörper des Judentums aus dem deutschen Staatswesen ausgeschlossen werde.[2]

Pfarrer Nobilings Bekenntnisse waren kein Einzelfall. Das um 1932 formulierte Credo „Unser Kampf" von Joachim Hossenfelder – ein aus Schlesien stammender junger Pfarrer an der Berliner Christuskirche und zugleich seit 1932 erster Reichsleiter der *Glaubensbewegung Deutsche Christen* – liest sich komplementär. Durch Hitler habe Gott wieder „Volk" werden lassen. Volk sei Rasse und, so wusste der junge Theologe genau: „Gott will Rasse". Nun sei eine große Zeitenkehre angebrochen, das Zeitalter des „Bürgers" gehe zu Ende. „Wir wollen uns selbst und unser Volkstum mit gesammeltem Willen und mit heiligem Blut. Wir ziehen gegen Schmarotzer und Bastarde in den Kampf, als in einen heiligen Krieg, den Gottes heiliger Wille fordert. Die objektive Macht der Rasse bricht durch, wir wissen etwas davon, und wir stellen uns in ihr Licht und in ihren Dienst, wir kämpfen für sie unter dem

Zeichen des Hakenkreuzes. Damit bekommt der Glaube eine neue Sinngebung."[3]

Auch an renommierten, hochgelehrten Theologieprofessoren fehlte es nicht, die in diesen vielstimmigen deutschchristlichen Chor einstimmten. Verwiesen sei hier nur auf den Karl-Holl-Schüler Emanuel Hirsch in Göttingen und auf Walter Grundmann, Schüler des einflussreichen Tübinger Neutestamentlers Gerhard Kittel. Grundmann lehrte seit 1936 in Jena Neues Testament und „Völkische Theologie" und inspirierte maßgeblich das 1939 in Eisenach gegründete kirchliche „Institut zur Erforschung und Beseitigung des jüdischen Einflusses auf das deutsche kirchliche Leben". Auch Kittel selbst, spürbar ergriffen vom protestantischen *Erlebnis 1933*, schloss sich der Hitlerpartei an und wirkte bis Jahresende 1933 bei den Deutschen Christen mit.[4]

Entscheidend im theologischen Diskurs der Deutschen Christen waren semantische Verschiebungen in der Terminologie: von einem seit langem in der protestantischen Sprache sakralisierten Volksbegriff hin zu einem religiös gedeuteten Begriff der „Rasse". Wie zuvor der bei Protestanten allgegenwärtige und sakralisierte Volksbegriff wurde nun der völkische Terminus der „Rasse" zu einer ursprünglichen und übergeschichtlichen Größe einer imaginierten göttlichen Schöpfungsordnung erhoben. Aus „Volk" wurde „Rasse". Damit ließ sich eine generelle Kompatibilität von christlichen Glaubensüberzeugungen und NS-Weltanschauung herstellen. Indem „wir" – so die Rede vieler Pfarrer als zeitgeistgemäß angepasste Protestanten von 1933 – für die Reinheit der deutschen „Rasse" und für einen „arteigenen Glauben" kämpften, wirkten wir Christen für die Erhaltung (oder Wiederherstellung) der göttlichen Schöpfungsordnung. „Rasse" als Bestandteil eines deutschchristlichen Glaubens schuf Inklusion und Exklusion. Es gab nun „Deutschblütige" und „Fremdblütige". Diese Unterscheidung griff schon bald auch in den Kirchen um sich. Die „Fremdblütigen" sollten auf längere Sicht aus einer avisierten völkischen Reichskirche ausscheiden. Betroffen waren Christen jüdischer Herkunft. Analog ging man dazu über, jüdische oder vermeintlich jüdische Spuren aus dem Evangelium, aus der Theologie, aus gottesdienstlicher Liturgie und kirchengemeindlicher Praxis zu tilgen.[5]

Der eigentliche soziale Ort, an dem sich deutschchristliche Kirche der Hitlerzeit realisierte, waren die Gemeinden. Von deren Kanzeln kam fortan eine betont männlich-kämpferische Predigt, die ein heroisches Jesusbild verkündete. Der jüdische Wanderprediger von Nazareth wurde nach Kräften „arisiert" und als ein früher Vorkämpfer gegen „die Juden" verstanden. Die gottesdienstliche Zeremonie von Deutschen Christen war häufig von festlichen Fahneneinmärschen (Hakenkreuzfahnen und DC-Fahnen mit einer Kombination von Christenkreuz und Hakenkreuz) in den Kirchenraum hinein bis zum Altar, von Parteiuniformen und gelegentlich von der feierlichen Weihe deutschchristlicher Fahnen am Altar geprägt. Liturgie und Kirchenliedgut wurden „entjudaisiert", bisweilen im völkischen Sinne ergänzt. *Halleluja, Zion* und *Zebaoth* mussten aus den Gesangbüchern verschwinden. Jüdische Symbolik und vermeintlich „Jüdisches", das Deutsche Christen in der Glasmalerei von Kirchenfenstern, auf Wandbildern und bei anderen Artefakten von Sakralkunst entdeckten, war zu entfernen. In gleichem Zuge fanden völkische und nationalsozialistische Symbole Eingang in das Kircheninnere. Horst Wessel, der Berliner Pfarrerssohn, SA-Führer, Parteidichter und politische Märtyrer der NS-Bewegung, galt als protestantischer Vorkämpfer des „Dritten Reiches". Gedenktafeln in Kirchen oder an Gemeindehäusern ehrten ihn.[6]

In den kirchlichen Gemeindehäusern entfaltete sich eine neue Vereinskultur: Deutschchristliche Gruppenabende boten nun heldische Kriegserinnerungen an 1914–18 oder Vorträge über Martin Luther, den „deutschesten" aller deutschen Männer, hinzu kamen musikalische Wagner-Darbietungen. Bisweilen gab es die feierliche Enthüllung von Hitlerporträts im Gemeindehaus sowie andere Reverenzen an den braunen Zeitgeist. Alles in allem gedieh ein kurioses kulturelles Sammelsurium als Ausdruck des intensiven protestantischen *Erlebnis 1933.* Die Quellen liefern reichlich Zeugnisse eines gemütlichen deutschchristlichen Beisammenseins mit abschließendem Gesang von Luthers Reformationshymne „Ein feste Burg ist unser Gott" und Horst-Wessel-Lied sowie Hitlergruß.[7]

Es war nicht der politische Machtantritt Hitlers, sondern diese deutschchristliche Massenbewegung in den Kirchen, die eine Gegenbewegung hervorrief, eine innerkirchliche Opposition. Denn selbstverständlich gab es auch anders gesinnte, skeptische und kritische Protestanten im Jahr 1933, die jene deutschchristliche Emphase ablehnten und als theologische Häresie ansahen. So konstituierte sich, mit deutlicher zeitlicher Verzögerung, im Verlauf des Jahres 1934 eine Gegenbewegung, die sich als *Bekennende Kirche* (BK) verstand.

Die Barmer Theologische Erklärung von Ende Mai 1934 war das bedeutendste theologische Statement gegen den Vormarsch der Deutschen Christen in der Kirche, eine Art „Magna Charta" der Kirchenopposition. Sie proklamierte nicht politische Opposition gegen das NS-Regime, sondern erteilte den Ideen eines völkischen Protestantismus unter Verweis auf das Evangelium und die Bekenntnisschriften der Reformationszeit eine scharfe Absage. Ihre erste These lautet: „Jesus Christus, wie er uns in der Heiligen Schrift bezeugt wird, ist das eine Wort Gottes, das wir zu hören, dem wir im Leben und im Sterben zu vertrauen und zu gehorchen haben." Man sollte meinen, dass ein solches Bekenntnis in einer christlichen Kirche doch eigentlich eine Selbstverständlichkeit sei – aber nach der deutschchristlichen Flutwelle von 1933 und 1934 war dies eben nicht mehr der Fall. In der anschließenden „Verwerfung" zu dieser These heißt es dann unter deutlicher Bezugnahme auf die deutschchristlichen Doppelgläubigkeiten: „Wir verwerfen die falsche Lehre, als könne und müsse die Kirche als Quelle ihrer Verkündigung außer und neben diesem einen Worte Gottes auch noch andere Er-

Der Schweizer reformierte Theologe Karl Barth im Jahr 1933 – maßgeblicher Verfasser der Barmer Theologischen Erklärung

eignisse und Mächte, Gestalten und Wahrheiten als Gottes Offenbarung anerkennen."[8]

„Kirchenstreit" oder „Kirchenkampf", wie der innerkirchliche Richtungsstreit schon unter Zeitgenossen hieß, bedeutete bei den Evangelischen in erster Linie „Bruderkampf im eigenen Haus" um die Neuausrichtung von Theologie, Kult und kirchlicher Alltagspraxis. Dieser lang währende Streit war Ausdruck eines gravierenden Identitätsproblems, das der vom Nationalsozialismus tief beeindruckte Protestantismus inzwischen hatte. Innerkirchlich stritten Deutsche Christen und Bekennende Kirche um Vorherrschaft und Definitionsmacht dessen, was richtige, angemessene evangelische Kirche im „Dritten Reich" sei, und wie sie sich im Gefüge des NS-Staates und der NS-Gesellschaft zu positionieren habe.

Ein krasses Beispiel mag veranschaulichen, was „Kirchenkampf" bei den Protestanten hieß: Am ersten Adventssonntag 1934 stritten in der Schöneberger Apostel-Paulus-Kirche, einer der größten Kirchen Berlins, Deutsche Christen und Bekennende Kirche darum, wer dieses Haus an diesem Vormittag für den Gottesdienst rechtmäßig beanspruchen dürfe. Bereits eine halbe Stunde vor Beginn hatten Anhänger der Deutschen Christen die ersten Bankreihen besetzt, während ihr Pfarrer Gerhard Peters vorn am Altar stand und Botschaften des nationalsozialistischen Reichsbischofs Ludwig Müller verlas. Kurz vor 10 Uhr betraten drei Bekenntnispfarrer den Raum und forderten ihren Pfarrerkollegen auf, den Platz vor dem Altar zu räumen. Als dieser sich weigerte, wandte sich Bekenntnispfarrer Eitel-Friedrich von Rabenau an die Gemeinde: Sie möge durch Abstimmung entscheiden, welchen Gottesdienst sie hören wolle. Die große Mehrheit im Kirchenraum sprach sich für den BK-Pfarrer aus. Sein DC-Kollege wich indessen nicht von der Stelle. Daraufhin bestieg Pfarrer von Rabenau die Kanzel. Nun begann ein verbissener Stellungskrieg: Die DC-Angehörigen besetzten die ersten Bankreihen, hatten ihren Pfarrer vor dem Altar postiert und verfügten mit dem Organisten über lautstarke akustische Unterstützung. Die Bekenntnisgemeinde sang eingangs Adventslieder, begleitet von einem Posaunenchor. Die Deutschen Christen hielten lautstark dagegen, indem sie Luthers „Ein feste Burg ist unser Gott" anstimmten. Immer wenn bei den Gesängen eine Pause eintrat und Pfarrer von Rabenau auf der Kanzel das Wort ergreifen wollte, setzte sein Kollege Peters am Altar mit der Liturgie ein. Lautes Rufen aus den Reihen der BK-Gemeinde war zu hören: „Wir wollen Rabenaus Predigt hören!" Pfarrer Peters verlas indessen Bibelabschnitte: von der Tempelreinigung, vom unfruchtbaren Feigenbaum – was die anwesende große Bekenntnisgemeinde empörte. Ungeachtet aller protestierenden Zwischenrufe fuhr Pfarrer Peters „mit Stentorstimme", wie ein Augenzeuge berichtet, in seiner Bibellese fort. Zuletzt habe er, laut Augenzeuge, in immer schwereren Kraftausdrücken Gebete hinausgeschrien. In dieser chaotischen Situation – etwa zwei Stunden währte inzwischen der Kampf um den Kirchenraum – beendete von Rabenau dieses denkwürdige Schauspiel am ersten Advent

1934 und forderte seine Bekenntnisgemeinde auf, sich zu einem würdigen Abschluss dieses heillosen Treibens mit ihm im Hof des Pfarrhauses zu versammeln.[9]

Dieser Konflikt repräsentiert den Kulminationspunkt eines langwierigen Machtkampfs in einer scharf gespaltenen Kirchengemeinde, in der sich exponierte Geistliche beider Richtungen erbittert bekämpften. Beide Pfarrer beriefen sich dabei auf unterschiedliche, konträre Rechtspositionen: DC-Pfarrer Peters auf Anordnungen der deutschchristlichen Kirchenregierung und deren untergeordneten Organen, wonach Bekenntnispfarrer von Rabenau als suspendiert galt. Die Bekenntnisfraktion berief sich hingegen auf das kurz zuvor auf der 2. Reichsbekenntnissynode in Berlin-Dahlem proklamierte kirchliche Notrecht, demzufolge die offiziellen kirchlichen Anordnungen als illegal galten und die um BK-Bruderräte gescharten Gemeindegruppen sich als eigentliche, rechtmäßige Kirche ansahen. Zugleich offenbarte dieser exzessive Kampf um die physische, akustische und geistliche Beherrschung des Kirchenraums einen neu aufgebrochenen, tiefgründigen religiösen Fundamentalismus, der im protestantischen *Erlebnis 1933* wurzelte und die Kontrahenten dazu antrieb, ihre Widersacher innerhalb der eigenen Konfession als Feinde, als „das Böse“ schlechthin zu bekämpfen.[10]

Ohne Deutsche Christen keine Bekennende Kirche – so ließe sich zugespitzt die Entstehung der Kirchenopposition erklären. Wo die Deutschen Christen schwach vertreten waren, blieb auch die Bekennende Kirche schwach ausgeprägt. Denn sie war vor allem anti-deutschchristliche Abwehrbewegung in der Kirche, keinesfalls eine christlich-theologisch motivierte Zurückweisung des Nationalsozialismus. Entscheidend für die Bildung von separaten Bekenntnisgemeinden waren theologisch anspruchsvolle und couragierte Geistliche, die sich dem kirchlichen Mainstream der Stunde entgegenstellten. Wo solche exponierten Geistlichen fehlten, kam es nur zu schwachen separaten Bekenntnisgruppen oder sie fehlten sogar völlig.

Zentral für die bekenntniskirchliche Identitätsbildung war neben den Gottesdiensten eine intensive Bibelarbeit in neu gebildeten Kleingruppen. Bekenntnisgottesdienste verliefen nach den überlieferten Grundmustern, eine betont biblische Predigt mit sparsamen, kritischen Zeitbezügen dominierte. Zumeist wurde Kritik an der Religions- und Kirchenpolitik des NS-Regimes auf indirekte Weise in religiöser Form dargeboten, versteckt in biblischen Zitaten und Gleichnissen. Die Kritik tangierte allenfalls die NS-Kirchenpolitik, kaum etwas darüber hinaus. Die Partizipation von Laien, also theologisch nicht professionell ausgebildeten Männern und besonders Frauen, nahm zu. Bekenntniskreise verstanden sich selbst als strikt biblizistisch, als reformatorisch-rechtgläubig und zugleich als politisch und kulturell konservativ. Man verlangte in Bekenntniskreisen nicht die Wiederherstellung allgemeiner Freiheiten, Menschenrechte und Demokratie. Eine Rückkehr zu „Weimarer Verhältnissen", zu Liberalismus und parlamentarischer Demokratie, galt auch unter den Bekennern als ganz ausgeschlossen. Auch sie assoziierten mit „Weimar" vorwiegend sündhaften Abfall von Gott, moralisch-sittlichen Niedergang und Dekadenz. Vielmehr beharrten Bekenntnischristen eng milieubezogen auf Beibehaltung eigener religiöser Rechte und Freiheiten, auf eine stärkere Berücksichtigung christlicher Werte und Gebote in allgemeinpolitischen Angelegenheiten und bei Vollzug staatlicher Maßnahmen des NS-Regimes.[11]

Bekenntnispfarrer entstammten vergleichsweise häufiger als ihre deutschchristlichen Kollegen gehoben-bürgerlichen, akademisch gebildeten Familien. DC-Pfarrer kamen hingegen häufiger aus unterbürgerlichen Familien, es fehlte in ihrer Biografie oft der bildungsbürgerliche Horizont und Habitus. Theologen, die aus einem Pfarrhaus stammten, optierten in der Entscheidungssituation 1933–34 deutlich häufiger für die Kirchenopposition als für die nationalsozialistisch ausgerichteten Deutschen Christen. BK-Pfarrer teilten mit ihren DC-Kollegen die allgemeine nationalprotestantische Mentalität, vermochten ihnen jedoch nicht bei der völkisch-nationalsozialistischen Umprägung dieser Mentalität zu folgen. *Zuerst Christus, dann Deutschland* – so lautete bei den Bekennern die Rangfolge letzter Glaubenswerte, während bei den kämpferischen, doppelgläubigen DC-Theologen *Christus und Deutschland* als zwei gleichrangige Glaubensbekenntnisse miteinander verknüpft waren.[12]

Vergleicht man die Mannschaften des Kirchenkampfes, so versammelten sich in den Gemeindegruppen der Deutschen Christen die etwas einfacheren sozialen Ränge, die etwas ‚kleineren Leute' aus den unteren Mittelschichten. Wo Gemeinden eine stärkere bildungsbürgerliche Prägung aufwiesen, hatten Bekenntnispfarrer mehr Aussicht auf Erfolg. Das lässt sich am Berliner Beispiel gut belegen. Die wirkmächtigsten Bekenntnisgemeinden bildeten sich in den gutbürgerlichen Vierteln des Westens und Südwestens der Viermillionenstadt: in Charlottenburg, Steglitz und Zehlendorf mit dem kirchenoppositionellen Leuchtturm Dahlem. Leichtes Spiel hatten hingegen die Deutschen Christen bei der Eroberung von Kirchengemeinden in den proletarischen Vierteln der Stadt, in Bezirken wie Wedding, Neukölln, Prenzlauer Berg oder Friedrichshain. Hier war der kirchengemeindliche Kern besonders stark geschrumpft und hatte sich gegenüber der von Parteien der Arbeiterbewegung dominierten Öffentlichkeit abgeschottet. Nirgendwo sonst begrüßte man das Ende der „Gottlosenrepublik" freudiger als in diesen durch Kirchenaustritt und Freidenkeragitation an den Rand verwiesenen protestantischen Fluchtburgen.[13]

Auffallender als soziale Unterschiede waren allerdings geschlechtsspezifische Unterschiede zwischen den beiden theologie- und kirchenpolitischen Fraktionen: Während sich die DC-Bewegung als nationalreligiös überformte christliche Männerbewegung charakterisieren lässt, kann die Bekenntnisbewegung als eine von männlichen Theologen (Pfarrern) und ebenso exklusiv männlich besetzten Bruderräten geführte evangelische Frauenbewegung angesehen werden. Der ersten Reichsbekenntnissynode in Barmen, die

Ende Mai 1934 die wegweisende Theologische Erklärung beschloss, gehörten 138 Männer und eine Frau an. Der Frauenanteil in den Bekenntnisgruppen im Raum Groß-Berlin betrug beispielsweise 70 bis 80 Prozent. Bekenntnisgottesdienste glichen hier weithin Frauenversammlungen. Die neuartigen Bibelkreise in den Bekenntnishochburgen der Reichshauptstadt waren Vernetzungen kirchlich aktiver Frauen. Im Berliner Bruderrat, dem regionalen Leitungsgremium, saßen 20 Männer und nicht eine Frau. Nur allmählich kam in der traditionalistisch und entschieden biblizistisch geprägten Bekennenden Kirche dieser Widerspruch zu Bewusstsein: An der Basis des kirchlichen Lebens lag ein Großteil der Bewegungsarbeit in den Händen der helfenden Schwestern. Sie sammelten Kollekten, trugen Rundbriefe aus und kochten den Kaffee. Zugang zu den Leitungsorganen hatten sie nicht. Oder sie mussten sich diesen Zugang in Ausnahmefällen sehr mühselig erstreiten, wie in Berlin-Dahlem, einer Hochburg der Kirchenopposition. Diskussionen über das weibliche Pfarramt erwiesen sich als schwierig und scheiterten oft unter Herbeizitierung einschlägiger Bibelstellen vom ‚Weibe', das in der Gemeinde zu schweigen habe. Im strikt biblizistischen Rekurs auf das Neue Testament kamen in der Bekennenden Kirche die zweitausendjährigen antiegalitären Männer- und Frauenbilder zum Tragen, wie man sie dort ein für allemal im „Wort Gottes" fixiert sah. Gemessen an den allgemein erreichten gesellschaftlichen, kulturellen und politischen Emanzipationsstandards der Weimarer Epoche war das ein religiös motivierter eklatanter Rückschritt.[14]

Schauen wir vor dem Hintergrund des heute erreichten wissenschaftlichen Forschungsstands auf die protestantische Performance insgesamt während der Hitlerzeit, so präsentierten sich die regional (landeskirchlicher Partikularismus), konfessionell (Lutheraner, Reformierte, Unionskirchen) und kirchenpolitisch (Deutsche Christen, Bekennende Kirche, angepasste und unspezifisch-neutrale Mitte) arg zersplitterten Evangelischen als ein vielstimmiger und dissonanter Chor ohne Dirigenten. Die christliche Mehrheitskonfession verbrauchte folglich einen Großteil ihrer Kräfte im selbstzerstörerischen internen Kampf gegeneinander. Aufs Ganze gesehen waren und blieben die Protestanten im weiteren Verlauf bis Kriegsende 1945 ein religiöser Akteur, der über keine repräsentativen und handlungsfähigen Führungsorgane verfügte. Aus diesem Grund waren die deutschen Protestanten letztlich nicht in der Lage, ihr zahlenmäßig hohes Gewicht als christliche Mehrheitskonfession mit entsprechender Wirksamkeit in die Waagschale der religionspolitischen Auseinandersetzungen der Epoche zu werfen. Als eine Erfolgsgeschichte wird man diese protestantische Performance nicht bezeichnen können. Mit guten Argumenten wird eher von einer Geschichte historischen Versagens als Institution die Rede sein müssen, ungeachtet des couragierten Auftretens vieler protestantischer Männer und Frauen gegen den fatalen Mainstream der Epoche.[15]

Ein vergleichender Blick auf die Katholiken

Es liegt nahe, vor diesem protestantischen Hintergrund einen vergleichenden Blick auf die deutschen Katholiken, die zweite große christliche Konfession im Deutschen Reich, zu werfen. Sie waren um 1933 mit einem Drittel der Reichsbevölkerung zwar eine konfessionelle Minorität, allerdings eine sehr große, die in etlichen Regionen (etwa in Bayern, im Rheinland oder im westfälischen Münsterland) die Religionsverhältnisse dominierte. Mehrere gravierende Unterschiede zu den Protestanten fallen sofort ins Auge: Einen ähnlich umstürzlerischen Bewegungsimpuls von unten, wie ihn die völkischen Deutschen Christen als Massenbewegung in den evangelischen Kirchen auslösten, konnte es in der strikt hierarchisch organisierten und transnational ausgerichteten römischen Weltkirche nicht geben. Während die katholischen Deutschen mit ihrer Kirche als nationale Filiale einer Weltkirche angehörten und maßgebliche theologische wie kirchenpolitische Orientierung von Rom empfingen, gehörten die deutschen Protestanten – abgesehen von der übermächtig großen preußischen Kirche – institutionell recht kleinen Landeskirchen von häufig provinziellem Zuschnitt an. Und anders als die von oben nach unten in monarchischem Sinn strikt klerikal regierten Katholiken nahmen die ‚demokratisierten' Protestanten aufgrund ihrer synodalen Kirchenverfassungen auch als Laien über Kirchenparteien, Kirchenwahlen und Vertretungsversammlungen – wenn auch begrenzt – an der kirchlichen Willensbildung teil.

Ein vergleichbar intensives katholisches *Erlebnis 1933* – analog und im Gleichklang mit den im „nationalen Aufbruch" stehenden, stark bewegten Protestanten – gab es eigentlich nicht.[1] Das zeigt bereits der „Tag von Potsdam" am 21. März 1933, der nach seiner religiösen Färbung ganz vorrangig ein protestantisches Massenschauspiel darbot: Hohe Aufmerksamkeit zog der evangelische Gottesdienst in der Nikolaikirche auf sich, den Reichspräsident Hindenburg, Reichstagspräsident Hermann Göring, Reichsinnenminister Wilhelm Frick und Reichswirtschaftsminister Alfred Hugenberg (DNVP), sämtlich evangelisch, mit ihrer Anwesenheit politisch aufwerteten. Die in der Öffentlichkeit viel beachtete, kirchlich maßgebliche Predigt hielt an diesem Tag der prominente protestantische Kirchenführer Otto Dibelius. Der parallel gehaltene katholische Gottesdienst in der Potsdamer Kirche St. Peter und Paul hatte als Besucherprominenz lediglich Vizekanzler Franz von Papen aufzubieten. Die Zeremonie blieb vergleichsweise klein und von der Öffentlichkeit wenig beachtet. Reichskanzler Hitler und Propagandaminister Goebbels, beide Katholiken, hatten demonstrativ auf einen Gottesdienstbesuch verzichtet und stattdessen im Straßenkampf ‚gefallene' nationalsozialistische Märtyrer an ihren Gräbern auf dem Luisenstädtischen Friedhof in Berlin aufgesucht.

Der anschließende Staatsakt fand in der preußischen Traditionskirche schlechthin und damit an einem herausragenden deutschprotestantischen Erinnerungsort statt. Die von den Nationalsozialisten intendierte große „Vermählung" an diesem Tag erfolgte zwischen der „jungen Kraft" (Hitlerbewegung) und den protestantischen Eliten einschließlich der durch sie repräsentierten altpreußischen Tradition. Und die Jubelmassen, die an diesem Tag zu Tausenden die Straßen säumten, waren ganz überwiegend Protestanten aus Potsdam, aus der nahe gelegenen Reichshauptstadt und der ländlichen Umgebung der preußischen Provinz Brandenburg. Wer dabei war an diesem Jubeltag in Potsdam und katholisch war, musste den Eindruck gewinnen, im anbrechenden „Dritten Reich" als Katholik gegenüber den freudig gestimmten Protestanten völlig ins Hintertreffen zu geraten.[2]

Das katholische Hauptereignis im Umbruchjahr 1933 war nicht eine vom „nationalen Aufbruch“ beflügelte kircheninterne *Glaubensbewegung* mit radikalen Umgestaltungszielen, sondern ein Staatsvertrag – das Konkordat. Dieses Konkordat, ein Abkommen zwischen der Hitlerregierung und dem Vatikan, war Ergebnis einer monatelangen politischen Geheimdiplomatie unter souveräner Umgehung der deutschen Bischöfe und mehr noch des für unmündig erachteten katholischen Kirchenvolks. Unterzeichnet am 20. Juli 1933 in Rom, sollten durch dieses Vertragswerk die katholischen Staat-Kirche-Beziehungen im Deutschen Reich verbindlich geregelt werden. Laut Vertragstext gewährleistete das Konkordat unter anderem die Freiheit des (katholischen) Bekenntnisses, den Status der Kirche als öffentlich-rechtliche Körperschaft, den Fortbestand katholisch-theologischer Lehre an den Hochschulen und Religionsunterricht an Schulen. Wesentlich war ferner die Bestandsgarantie für rein religiöse und karitative Vereine (Art. 31). Zugleich sollte die Kirche auf Mitwirkung von Geistlichen in politischen Parteien verzichten (Art. 32). In den unscharfen Festlegungen über katholische Vereine (Art. 31) waren indessen zukünftige Streitigkeiten zwischen katholischer Kirche und NS-Staat bereits angelegt.[3]

Im Unterschied zu den Protestanten bedeutete „Kirchenkampf“ bei den Katholiken nicht vorrangig *Bruderkampf im eigenen Haus* um kirchlich-theologische Neupositionierung im „Dritten Reich“, sondern vor allem Austragung eines „zermürbenden Kleinkriegs“ (Scholder) mit dem politisch und weltanschaulich als übergriffig empfundenen NS-Staat um die Einhaltung der Konkordatsvereinbarungen. Dieser Kleinkrieg steigerte sich mit wachsender Festigung der NS-Herrschaft von Jahr zu Jahr. Die katholische Abwehrhaltung kulminierte im März 1937 in der von (fast) allen Kanzeln verlesenen päpstlichen Enzyklika „Mit brennender Sorge“. Sie beklagte die seit Jahren progressive Aushöhlung der Konkordatsbestimmungen:

Dankgottesdienst in der Hedwigs-Kathedrale (Berlin-Mitte) anlässlich der Ratifikation des Reichskonkordats (17. September 1933)

die Einschränkung katholischer Bekenntnisschulen; den öffentlichen Geltungsgewinn als falsch erachteter, „neuheidnischer" Weltanschauungen; die zunehmende Sakralisierung weltlicher Größen und Mächte wie „Führer", „Rasse", „Volk" und „Staat"; ferner die Verfolgung in ihrem Glauben standhafter Priester. Die päpstliche Kundgebung ermahnte katholische Eltern, ihre Kinder auch künftig christlich zu erziehen und die katholische Bekenntnisschule sowie den schulischen Religionsunterricht zu verteidigen.[4]

Eine vergleichbar schlagkräftige Abwehraktion brachten die deutschen Protestanten mangels innerer Geschlossenheit und Handlungsfähigkeit nicht zustande. Die vertrauliche Denkschrift der Zweiten Vorläufigen Kirchenleitung an Reichskanzler Hitler von Ende Mai 1936, vertreten allein von der entschieden kirchenoppositionell eingestellten Fraktion der Bekennenden Kirche, erwies sich durch vorzeitige Indiskretionen und Publikation in der Auslandspresse als eine halbwegs verunglückte Aktion. Sie verfehlte durch das Missgeschick der unbeabsichtigten Veröffentlichung im Ausland weithin an Wirkung, zumal im Sommer 1936 ein allgemeines Olympiasportfieber die deutsche Öffentlichkeit samt NS-Führungsriege erfasst hatte. Zudem repräsentierten die Initiatoren der Denkschrift lediglich einen Bruchteil aller Protestanten (geschätzte 10–15 Prozent). Und selbst die späte Kanzelverkündigung einer abgeschwächten Version dieser Denkschrift gegen Ende August 1936 wurde lediglich durch einen Teil der entschieden oppositionellen Bekenntnispfarrer vollzogen.[5]

Vergleicht man die politische Orientierung ihrer Geistlichen, so ergibt sich ein weiterer markanter Unterschied zwischen beiden christlichen Konfessionen. Protestantische Theologen schlossen sich in erheblicher Zahl der Hitlerpartei an. Ihr Parteieintritt erfolgte teils lange vor 1933, wie die oben genannten Beispiele der jungen Pfarrer Siegfried Nobiling (1929) und Joachim Hossenfelder (1929) gezeigt haben. Die Reihe dieser „alten Kämpfer" unter den evangelischen Pfarrern ließe sich leicht vermehren. Ein besonders starker

Theologenzustrom zur Hitlerpartei setzte im Frühjahr 1933 ein, als sich Hunderte und Aberhunderte von evangelischen Pfarrern (je nach Größe ihrer Landeskirche) der NSDAP anschlossen. Exakte Zahlen liegen bisher erst von einigen Landeskirchen oder kleineren Gebieten vor.[6] In Berlin lag der Anteil von Parteimitgliedern unter den Gemeindepfarrern bei etwa 20 Prozent.[7] Insgesamt erlauben die vorliegenden Forschungen, auf einen durchschnittlichen Anteil von 15 bis 20 Prozent NSDAP-Mitgliedern unter evangelischen Pfarrern zu schließen. Bezogen auf alle evangelischen Geistlichen im „Dritten Reich" wird man folglich die nicht geringe Gesamtzahl von etwa drei- bis viertausend Parteimitgliedern unter den Theologen veranschlagen müssen. Auch diese erhebliche Eintrittsbewegung evangelischer Pfarrer belegt das protestantische *Erlebnis 1933*. Ihr Zustrom zur NSDAP wäre vermutlich noch höher ausgefallen, wenn nicht die NSDAP ab Juni 1933 einen temporären Aufnahmestopp verhängt hätte und später christliche Theologen aus grundsätzlichen weltanschaulichen Erwägungen der Parteiführung kaum noch in die NSDAP aufnahm.[8]

Hingegen betrug der Anteil der „braunen Priester" unter katholischen Geistlichen deutlich weniger als ein Prozent. Die bislang einzige systematische Studie des US-amerikanischen katholischen Theologen und Historikers Kevin P. Spicer ermittelte 138 „braune Priester", von denen allerdings lediglich gut ein Drittel nominelle NSDAP-Mitglieder waren.[9] Nicht zuletzt war diese Abstinenz auf kirchenoffizielle Richtlinien aus der Zeit vor 1933 zurückzuführen, die eine Mitarbeit von Priestern in der Hitlerbewegung untersagten. Nach kurzfristiger Lockerung dieser Bestimmungen im Frühjahr 1933 schloss dann das Konkordat vom Juli 1933 ganz generell die Mitwirkung von Priestern in politischen Parteien aus. Wie keinem anderen relevanten gesellschaftlichen Teilsystem, so resümiert der Historiker Thomas Forstner, sei es der katholischen Kirche gelungen, ihren Klerus in so starkem Ausmaß ideologisch gegen die Einflüsse des Nationalsozialismus zu immunisieren. Die „braunen

Priester" blieben daher, im Unterschied zu den im Vergleich sehr zahlreichen evangelischen „Nazi-Pfarrern", ein Außenseiterphänomen in der katholischen Kirche.[10]

Gleichwohl gab es sie natürlich auch im katholischen Klerus: ausgebildete und ordinierte Theologen, die eine Laufbahn als Priester begonnen hatten und sich um 1933 oder teils schon früher zur NS-Weltanschauung hin öffneten. Prominenteste Figur war der aus Mainz stammende Benediktinerabt Albanus (Jakob) Schachleiter, der bereits in den 1920er Jahren enge Verbindungen zur Hitlerpartei pflegte und spätestens seit Hitlers Machtantritt die populäre Rolle einer katholischen Galionsfigur in der nationalsozialistischen Propaganda spielte. 1933 schloss er sich offiziell der NSDAP an und publizierte Artikel im *Völkischen Beobachter*. An den Nürnberger NSDAP-Parteitagen 1934 und 1935 nahm er als Ehrengast teil. Als er im Juni 1937 im Alter von 76 Jahren in München verstarb, erhielt er ein von Hitler angeordnetes Staatsbegräbnis.[11]

Am häufigsten kamen „braune Priester" offenbar in der gut erforschten Erzdiözese München und Freising vor. Zu den prägnantesten Figuren unter ihnen gehörte der 1922 in Freising zum Priester geweihte katholische Theologe Dr. Joseph Roth. Er trat bereits in den 1920er Jahren mit scharf antisemitischen Schriften wie *Katholizismus und Judenfrage* (1923) hervor.[12] Roth schloss sich offenbar nicht der NSDAP an, war aber vorübergehend (1934–35) bei der SA eingeschrieben. Zeitweilig betätigte er sich als Religionslehrer in München und Feldafing, bevor er im August 1935 als Mitarbeiter im Reichsministerium für die kirchlichen Angelegenheiten in Berlin vollständig die Seiten wechselte.[13]

Eine analoge Biografie weist Albert Hartl auf. Er empfing 1929 in München die Priesterweihe. Zum 1. Mai 1933 trat er in die NSDAP ein. Im April 1934 schloss er sich der SS an und wechselte bald darauf ebenfalls die Seiten, indem er als Experte für Katholizismus und kritischer Beobachter seiner (ehemaligen) Kirche berufliche Positionen im Sicherheitsdienst der SS (SD) in Berlin über-

Der katholische Kaplan Joseph Roth begrüßt Hitler auf dem Reichsparteitag 1934 in Nürnberg

nahm. Sein „Glauben an Adolf Hitler“ und an die NS-Bewegung überwogen inzwischen gegenüber seiner katholisch-christlichen Herkunftsprägung. Selbst in seinen zahlreichen antikatholischen Schriften der Hitlerzeit sei noch der ehemalige Priester zu erkennen gewesen, der nun einem „völkischen Pantheismus“ (Wolfgang Dierker) angehangen habe.[14]

Im Unterschied zu Roth und Hartl, die beide die Fronten wechselten, war der promovierte katholische Geistliche Philipp Haeuser kein Überläufer. Geboren 1876 in Kempten als Sohn eines Rechtsanwalts, entstammte er einer tiefgläubigen katholischen Familie. Er wurde 1899 in Augsburg zum Priester geweiht. Mit einer Studie über den frühchristlichen (nichtkanonischen) und scharf antijüdischen Autor Barnabas erlangte er 1911 einen theologischen Doktortitel der Universität Freiburg.[15] Dr. Haeuser, der nebenher als Theologe auch wissenschaftliche Ambitionen hatte, durchlief die üblichen Stationen einer geistlichen Karriere und amtierte seit 1911 als Pfarrer in Straßberg unweit von Augsburg. Bereits in den 1920er Jahren trat er mit scharf völkisch-antisemitischen Schriften hervor, die das zeitgenössisch übliche Maß eines katholischen Antijudaismus deutlich überstiegen.[16] Zugleich unterhielt er früh enge Beziehungen zu NSDAP-Parteigenossen, ohne selbst Parteimitglied zu werden. In seinen vielfachen Predigten sowie in Versammlungsreden im NSDAP-Parteimilieu in der Diözese Augsburg während der NS-Zeit verknüpfte er antijudaistisch-katholische Glaubenstraditionen mit emphatischen Bekenntnissen zu Hitler und zur NS-Bewegung. Hitler sah er als zeitgemäßen Fortführer eines antijüdischen Kampfes, den bereits Jesus von Nazareth geführt habe. Haeuser hatte zwar wiederholt disziplinarische Maßnahmen (Vorladungen, zeitweilige Vortrags- oder Publikationsverbote etc.) seitens seiner kirchlichen Vorgesetzten zu gewärtigen, konnte sich jedoch bis Kriegsende 1945 in seinem kirchlichen Amt halten.[17]

Auffallend viele unter den „braunen Priestern“ können als „hochgebildete Herren“ (Forstner) gelten. Sie waren promovierte Theologen und zumeist in einem akademischen Umfeld tätig, darunter auch einige Hochschullehrer.[18] Zu den prominentesten katholischen „Brückenbauern“, die sich seit 1933 um eine Vereinbarkeit von katholischem Selbstverständnis und nationalsozialistischer Bewegung bemühten, gehörten der Tübinger Systematische Theologe Karl Adam, der Kirchenhistoriker Joseph Lortz sowie sein junger Kollege und Systematiker Michael Schmaus, die beide an der Universität Münster lehrten. Diverse Schriften aus diesem Umkreis und von weiteren katholischen Intellektuellen deuten darauf hin, dass es immerhin ansatzweise so etwas wie ein katholisches *Erlebnis 1933* – parallel zur protestantischen Emphase – gegeben hat.[19] In Adams Publikation „Deutsches Volkstum und katholisches Christentum“ (1933) ist eine ungeschminkte Hitlerbegeisterung nicht zu überhören: „Und nunmehr steht er – Hitler – vor uns [...] als der Befreier des deutschen Genius, der die Binden von unseren Augen nahm und uns durch alle politischen, wirtschaftlichen, gesellschaftlichen, konfessionellen Hüllen hindurch wieder das eine Wesenhafte sehen und lieben ließ: unsere bluthafte Einheit, unser deutsches Selbst, den Homo Germanus. [...] Es ist etwas Großes um dieses Massenerlebnis unserer volkshaften Einheit und bluthaften Verbundenheit."[20]

Als Resümee ergibt sich aus dem Vergleich zwischen den beiden großen christlichen Konfessionen: größere Offenheit für den braunen Zeitgeist in der protestantischen Mehrheitskonfession, hingegen eher verhaltene Zustimmung bei insgesamt mehr Distanz und Abschottung gegenüber den nationalsozialistischen „Ideen von 1933" im katholischen Klerus und Kirchenvolk. Es gab bei den Katholiken keine amtierenden Nazi-Bischöfe, wie dies bei den Protestanten in vielen Landeskirchen der Fall war – erwähnt seien hier nur Reichsbischof Ludwig Müller, der Thüringer Landesbischof Martin Sasse und Mecklenburgs Landesbischof Walther Schultz. Und es gab weder zahlreiche Parteimitglieder unter den katholischen Geistlichen oder eine christlich-völkische Massenbewegung wie die Deutschen Christen innerhalb der Kirche. Alles das sind wesentliche Unterschiede in der Performance der beiden großen christlichen Konfessionen zur Hitlerzeit. Gleichwohl sollte man sich vor voreiligen Schlussfolgerungen hüten: Von einem kompakten Block „christlichen Widerstands" oder auch nur katholischer Resistenz gegenüber dem Nationalsozialismus kann auch bei den Katholiken nicht die Rede sein.

Vielen unter den 20 Millionen katholischen Deutschen erschien ihr christlicher Glaube durchaus mit dem Nationalsozialismus vereinbar. So hat Klaus Große Kracht jüngst am Beispiel katholischer Kundgebungen und Feiern des Jahres 1933 in Berlin aufgezeigt, dass eine „Sehnsucht nach einem Zustand der politisch-religiösen Symbiose" im Kirchenvolk durchaus verbreitet war: „Nationalsozialistische Fahnen und Banner der katholischen Verbände gingen durcheinander, der ‚Deutsche Gruß' wurde zum katholischen Verbandsgruß, und die Lagerfeuerromantik ließ das ‚Volk Gottes' mit dem ‚Volk aus der Tiefe' atmosphärisch verschmelzen."[21]

Ein besonders hohes Maß an religiös-politischer Kompatibilität erweist die auf Dauer funktionierende NS-Herrschaft in rein katholischen Regionen des Deutschen Reichs. Denn es müssen überwiegend Katholiken gewesen sein in den Regierungsbezirken Aachen oder Trier, in der stark katholisch geprägten Region des Münsterlandes oder den Diözesen Oberbayerns, die Hitlers Herrschaft ausübten und die zum größten Teil „das Volk" für die einschlägigen performativen Akte der proklamierten „Volksgemeinschaft" bereitstellten.[22] In der mittelfränkischen Bischofsstadt Eichstätt (92,6 Prozent Katholiken im Jahr 1933) beispielsweise gab es eine sehr weitgehende wechselseitige Integration von Katholiken und Nationalsozialisten: sei es bei Gottesdiensten, bei öffentlichen Feiern, Kundgebungen oder Umzügen. So marschierten Nationalsozialisten beim Fronleichnamszug mit Hakenkreuzfahne mit, und mit bemerkenswerter Selbstverständlichkeit nahm katholisches Kirchenvolk an großen NS-Kundgebungen, an Sonnenwendfeiern oder dem Thingspiel teil.[23] Die nationalsozialistische Politik vor Ort, so resümiert Markus Raasch für die katholische Bischofsstadt, wurde in hohem Maße von angestammten Katholikinnen und Katholiken gemacht, sei es durch Partizipation ihrer Organisationen am örtlichen „Milieukörper", infolge materialistischer Erwägungen und politischer Flexibilität des neuthomistischen Weltbilds, genereller Wertschätzung des Ordo-Gedankens und infolge übergreifender Strahlkraft der Volksgemeinschaftsidee.[24]

Und auch der große Jubel im überwiegend katholischen Nachbarland Österreich, das sich im März 1938 mit viel Enthusiasmus an Hitlers Reich „anschließen" ließ, spricht für die generelle Vereinbarkeit von katholischer Religiosität und Nationalsozialismus. Jürgen W. Falters jüngste Studie über Hitlers Parteigenossen belegt diese katholische Affinität mit der NSDAP für Österreich. Der Einmarsch der Wehrmacht am 12. März 1938 sei „von großen Teilen der Bevölkerung mit Zustimmung, ja Ekstase begrüßt" worden. Sowohl in Linz wie auch in Wien sei Hitler „von den Massen mit geradezu hysterischem Jubelgeschrei begrüßt" worden. In der am 10. April 1938 durchgeführten Volksbefragung stimmten 99,7 Prozent für die „Wiedervereinigung" Österreichs mit dem Deutschen Reich. Die NSDAP in Österreich hatte seitdem einen „Ansturm von Beitrittswilligen" (Falter) zu bewältigen. Dieser Zustrom geschah zu einem Zeitpunkt, als einschlägige Erfahrungen mit mehr als fünf Jahren nationalsozialistischer Herrschaft bereits vorlagen. Die Hitlerpartei wurde im katholischen Nachbarland von Beitrittswilligen geradezu überrannt. Gegen Kriegsende 1945 zählten die österreichischen Parteimitglieder 650 000 bis 700 000 Personen. „Über 10 Prozent der österreichischen Bevölkerung – nimmt man nur die Wahlberechtigten, waren es sogar etwa 15 Prozent – waren demzufolge Mitglied in der NSDAP."[25]

Der Fall Österreich zeigt vor allem dies: Euphorischer großdeutscher Nationalismus und Hitlerbegeisterung verbunden mit persönlichen Erwägungen, mit politischem Opportunismus und individuellen Karriereaussichten siegten über die offiziös gebotene Distanzierung, über Skepsis und Kritik, wie sie beispielsweise ein Jahr zuvor in der päpstlichen Enzyklika *Mit brennender Sorge* formuliert worden war. Will man die katholische Performance im „Dritten Reich" beurteilen, so ist neben kirchenoffiziellen Statements des Vatikans, bischöflicher Führungspersonen und Spitzengremien vor allem das empirische Alltagsverhalten der vielen Katholikinnen und Katholiken heranzuziehen. Die praktizierte katholische Religiosität der Vielen sah häufig anders aus. Kompatibilität und Kollaboration siegten bei den deutschen Katholiken nur allzu oft über die Bestimmungen theologischer Verkündigung und kirchenpolitischer Taktik.

II.
Neue Glaubensbewegungen im „Dritten Reich“

Völkische Glaubensbewegungen

Religiöser Glaube war um 1933 längst nicht mehr auf die beiden großen christlichen Konfessionen beschränkt. Spätestens seit der Jahrhundertwende entfaltete sich eine außerkirchliche „vagierende Religiosität“ (Thomas Nipperdey) im Deutschen Reich.[1] Gerade auf diesem buntscheckigen religiösen Feld jenseits der etablierten Großkirchen bewegte sich im politischen Umbruchjahr 1933 außerordentlich viel. So kam der neureligiöse Aufbruch von 1933 auch in Einigungsbestrebungen zahlreicher, bisher zersplitterter völkischer Bünde, Kreise, Ringe und Kameradschaften sowie im Hervortreten etlicher Einzelpersonen mit der prophetenhaften Attitüde von Religionsstiftern zum Ausdruck.

Anlässlich einer Versammlung an traditionsreicher Stätte in Eisenach, im Schatten der Wartburg, gründeten völkische Protagonisten Ende Juli 1933 die *Arbeitsgemeinschaft Deutsche Glaubensbewegung* (seit Mai 1934: *Deutsche Glaubensbewegung*). Viele dieser völkischen Glaubensgemeinschaften waren lange vor 1933 entstanden, teils reichten ihre Anfänge bis ins späte 19. Jahrhundert zurück. Aber neu waren nun – bewirkt durch den starken religiösen Impuls von 1933 – Wille und Bereitschaft, alle Rivalitäten und Partikularismen zurückzustellen und sich zu einem gesamtnationalen Verband zu vereinen. Denn dies war das eigentlich Neue bei den zahllosen völkischen Gruppen und Grüppchen – die feste Überzeugung: Nun sind wir dran, jetzt ist unsere historische Stunde gekommen.[2]

Die Führer der *Deutschen Glaubensbewegung* erhofften sich vom NS-Staat die Anerkennung als „dritte Konfession“ und damit die Aufwertung der Völkisch-Religiösen zu einer den beiden großen christlichen Konfessionen gleichrangigen öffentlich-rechtlichen Religionsgesellschaft. Das war in ihren Augen nur ein erstes Etappenziel. Auf längere Sicht sollte ihr neureligiöser Deutschglaube an die Stelle des Christentums treten. Das aus dem Vorderen Orient stammende Christentum, so ihre gemeinsame Glaubensüberzeugung, sei nicht die richtige, ‚artgemäße' Religion der aus germanischen Wurzeln stammenden Deutschen. An der Spitze dieser religiösen Sammlungsbewegung standen als namhafte Galionsfiguren der Tübinger Religionswissenschaftler Jakob Wilhelm Hauer und der in Potsdam ansässige ehemalige Marineoffizier und umtriebige völkische Publizist und Politiker Ernst Graf zu Reventlow.

Jakob Wilhelm Hauer war zweifellos der produktivste Guru an der Spitze dieser völkischen Glaubensbewegung und dominierte sie intellektuell durch eine Vielzahl von Schriften und zugleich durch verdeckte politische Verbindungen zu höheren Partei- und SS-Kreisen seit 1934.[3] Geboren 1881 in Ditzingen (Württemberg) als Sohn eines Handwerkers, entstammte er dem Milieu des schwäbischen Pietismus. Er erhielt zunächst bei der Basler Mission eine kirchliche Ausbildung zum Missionar und unterrichtete von 1907 bis 1911 als Missionslehrer in Indien. Anschließend studierte er in Oxford und Tübingen und wurde 1921 als Schüler des Religionshistorikers Richard von Garbe in Tübingen für Sanskrit und Religionsgeschichte habilitiert. Hauer lehrte als außerordentlicher Professor zunächst in Marburg und von 1927 bis 1945 als Lehrstuhlinhaber Indologie und Religionswissenschaften in Tübingen. Zugleich leitete er seit 1920 den *Bund der Köngener*, eine Vereinigung der christlich-bündischen Jugendbewegung in Württemberg.

Hauers zentrales Lebensthema reifte während der 1920er Jahre und lief auf die Neubegründung eines ‚arteigenen' Glaubens der Deutschen (weitergefasst: der „indogermanischen Rasse") bei gleichzeitiger Zurückdrängung der jüdisch-christlichen Glaubensprägung hinaus.[4] Neben seiner Führungsposition in der Deutschen Glaubensbewegung mit religionsstifterischen Ambitionen, die le-

Jakob Wilhelm Hauer (1935), Leiter der Deutschen Glaubensbewegung

diglich drei bis vier Jahre währte, ließ sich Hauer parallel immer stärker durch Institutionen des NS-Regimes einbinden: 1934 Sicherheitsdienst der SS, 1937 NSDAP, schließlich Mitarbeit im SS-Forschungsprojekt „Ahnenerbe" von Heinrich Himmler. Während des Zweiten Weltkriegs war er am „Kriegseinsatz der Geisteswissenschaften" beteiligt und leitete die Gruppe „Lebensmächte und Wesen des Indogermanentums".[5]

Erstaunlich gering erforscht ist hingegen Ernst Graf zu Reventlow, die zweite Führungsfigur der Sammlungsbewegung. Er war ein vielschreibender Autor, Schriftsteller, Politiker, Religionssucher, entschieden völkisch und notorisch antisemitisch, Kaiserkritiker und Englandhasser zwischen Kaiserreich und dem „Dritten Reich". Spätestens seit den frühen 1920er Jahren agierte er als ein einflussreicher, gut vernetzter Akteur in nationalen, völkischen und nationalsozialistischen Kreisen.[6] Geboren 1869 in Husum als Sohn des preußischen Landrats Ludwig Graf zu Reventlow, entstammte er einer traditionsreichen Familie des schleswig-dänischen Hochadels. 1888 schlug der Adelsspross eine standesgemäße Karriere bei der Kaiserlichen Marine ein. Nach seinem erzwungenen Abschied 1899 im Range eines Kapitänsleutnants und einer gescheiterten Episode als Pflanzer in Mittelamerika kehrte er 1905 nach Deutschland zurück.[7] Fortan betätigte er sich als politischer Schriftsteller und Journalist. In zahlreichen Büchern und Artikeln setzte er sich kritisch mit den Führungsqualitäten Kaiser Wilhelms II. und mit der deutschen Außenpolitik nach Bismarck auseinander, die in seinen Augen versagt hatte.[8] Von 1908 bis 1914 leitete er die *Alldeutschen Blätter*, das Presseorgan des extrem nationalistischen Alldeutschen Verbands. Zur Kriegszeit von 1914 bis 1918 war er Redakteur der *Deutschen Tageszeitung* (Bund der Landwirte).

Über zwei Jahrzehnte gab Reventlow seit 1920 die national-völkische und antisemitische Wochenzeitschrift *Der Reichswart* heraus. Als Reichstagsabgeordneter betätigte sich der politisierende Graf zunächst für die Deutschvölkische Freiheitspartei und seit 1927 für die NSDAP. Er gehörte in den Weimarer Reichstagsdebatten zu den aggressivsten antisemitischen Rednern der extremen Rechtsparteien.[9] Nach Hitlers Machtantritt trat Reventlow politisch in die zweite Reihe zurück, nicht zuletzt deshalb, weil er dem Straßer-Flügel der NSDAP angehört hatte. Er wirkte nun als prominenter Repräsentant der Altvölkischen mehr im Hintergrund. Ein immens produktiver Publizist blieb er auch zur Hitlerzeit.[10] Vorübergehend repräsentierte er mit Wilhelm Hauer das deutschgläubige Religionsprojekt. Nach seinem Rückzug 1936 arbeitete er im Beirat der *Forschungsabteilung Judenfrage* des Reichsinstituts für Geschichte des neuen Deutschlands mit. Aus dieser Phase stammt die für seinen notorischen Antisemitismus einschlägige Publikation zur Geschichte der „Judenfrage“. Der von einem fanatischen Antisemitismus getriebene religiöse Sucher eines neuen Deutschglaubens, der erst 1938 die evangelische Kirche verließ und seither als „gottgläubig“ firmierte, verstarb zurückgezogen im November 1943 in München.[11]

Dem „Führerrat“ dieser religiös-weltanschaulich und politisch heterogenen Bewegung gehörten unter anderem an: der außerplanmäßige Leipziger Philosophieprofessor Ernst Bergmann[12]; der Philosoph und religiöse Schriftsteller Arthur Drews[13] (Karlsruhe); der zunächst jugend- und heimatbewegte, später völkische Maler und Dichter Ludwig Fahrenkrog[14]; der nationalsozialistische Rassenkundler und Hochschullehrer Hans F. K. Günther[15] (Jena); der von der evangelischen Theologie zur völkischen Religionswissenschaft übergewechselte Kieler Professor Dr. Hermann Mandel[16]; der Publizist und Titularprofessor Herman Wirth[17] (Berlin bzw. Marburg). Hinzu kamen schließlich zu diesen Älteren – als junge „Gottgläubige“ und ideologisch scharfe Aufpasser der Hitlerpartei – der fanatisch antisemitische Publizist und NS-Ideologe Dr. Johann von Leers[18] und der junge evangelische Theologiestudent und zeitweilige NS-Volkskundler Matthes Ziegler[19] vom Amt Rosenberg in Berlin. *Grosso modo* glich dieser Führungskreis einem betagten postprotestantischen Professorenkabinett, ergänzt um einige jüngere, auf Karriere im „Dritten Reich“ erpichte *hard-core*-Nationalsozialisten. Man brauchte indessen kein Prophet sein, um schon als Zeitgenosse der Jahre 1933 und 1934 prognostizieren zu können, dass eine derartig buntscheckige Ansammlung höchst eigenwilliger und teils obskurer völkisch-religiöser ‚Seher und Künder‘, ergänzt um extreme NS-Ideologen, keinen Zusammenhalt von Dauer würde stiften können.[20]

Der Anspruch der Deutschen Glaubensbewegung und ihr Angebot an die NSDAP, das Religiöse des „Dritten Reiches“ selbständig und außerhalb der Partei zu organisieren, fand in der Parteiführung wenig Entgegenkommen. Die NSDAP ließ die Glaubensbewegung, wie alle Vereine und Verbände außerhalb ihres unmittelbaren Organisationsbereichs, scharf beobachten, gewährte ihr jedoch zunächst relativ große Freiräume. Ihre maximale Entfaltung erreichten die Deutschgläubigen im Frühjahr und Sommer 1935. Aber selbst zum Zeitpunkt ihrer größten öffentlichen Wirksamkeit dürften sie die

Zahl von zwanzig- bis dreißigtausend Anhängern nicht wesentlich überschritten haben. Eine präzise Mitgliederstatistik existiert nicht. Der Verband zählte in diesem Jahr 230 Ortsgemeinden, wobei offenbar die Region Berlin-Brandenburg mit 35 Ortsgemeinden einen besonderen Schwerpunkt bildete. Als Zeitschriften lasen die Anhänger die folgenden einschlägigen Blätter dieses religiösen Milieus: Reventlows *Reichswart* (Auflage um 1935 ca. 22 700), *Der Durchbruch* (ca. 14 500) und Hauers Zeitschrift *Deutscher Glaube* (ca. 6100).[21]

Als ein Höhepunkt öffentlicher Präsenz der Deutschgläubigen kann eine von der NSDAP offenbar indirekt gesponserte Massenkundgebung unter der Parole „Fremder Glaube oder deutsche Art?“ im Berliner Sportpalast am 26. April 1935 gelten. Sie war eine schwere Provokation für die christlichen Kirchen. An der Massenkundgebung sollen bis zu 18 000 Besucher teilgenommen haben. Durch riesige Transparente warben die Veranstalter in der großen Halle für die „deutsche Gemeinschaftsschule“ – also gegen die traditionelle, besonders von der katholischen Kirche verteidigte Konfessionsschule – und für einen „deutschen Glauben“, der die konfessionelle Spaltung überwinden und „religiöse Einheit“ in der „Volksgemeinschaft“ schaffen sollte. Zu den Hauptrednern gehörte Graf zu Reventlow. Als er während seines Vortrags die ketzerische Parole verkündete, die christliche Kirche müsse überwunden werden, kam es über diese Frage zu heftigen Meinungsverschiedenheiten mit tumultartigen Zwischenfällen im Publikum, in deren Verlauf mehrere Personen verletzt wurden. Denn zweifellos war mit dieser brisanten Forderung ein wunder Punkt innerhalb der Hitlerbewegung insgesamt berührt: mit oder ohne christliche Kirchen in die verheißene Zukunft eines „Tausendjährigen Reiches“?[22]

NSDAP und SS ließen diese Gruppierung aus Gründen religionspolitischer Instrumentalisierbarkeit einige Jahre lang gewähren, gewissermaßen als Spielball nationalsozialistischer Religionspolitik. Denn die Deutschgläubigen eigneten sich vorzüglich als Schreckgespenst gegenüber den christlichen Kirchen, die Ausmaß, Größe und Bedrohungspotenzial der „Neuheiden" immer wieder als übertrieben hoch wahrnahmen. Von Fall zu Fall sprachen die Aufsichtsorgane des Regimes auch Versammlungs- und Publikationsverbote gegenüber deutschgläubigen Aktivitäten aus. Mit ihrer scharf antichristlichen Stoßrichtung provozierte die Glaubensbewegung immer wieder die Gefahr zusätzlicher religiöser Spaltungen der angestrebten „Volksgemeinschaft", und das war aus Sicht der Machthaber höchst unerwünscht. Spätestens seit Frühjahr 1936 betrieb die SS eine gezielte Infiltration sowie Verbots- und Auflösungspolitik. Hauer und Reventlow wurden im März dieses Jahres zum Rücktritt von ihren Führungspositionen gedrängt. Bereits vor Kriegsbeginn war die forcierte Zersetzungspolitik weithin erfolgreich. Die amtliche und präzise Konfessionsstatistik im Rahmen der Volkszählung 1939 registrierte für die Gesamtheit der neureligiös-völkischen Gruppierungen – einschließlich der separaten Ludendorff-Bewegung (seit 1937 *Bund für deutsche Gotterkenntnis*) – lediglich 86 000 Personen, das waren 0,1 Prozent der Bevölkerung im Großdeutschen Reich.[23]

Aus der Perspektive der beiden großen christlichen Kirchen wurde der zeitweilige Vormarsch der „Neuheiden" – so der einschlägige kirchliche Begriff – als gravierende Bedrohung von Kirche und Christentum wahrgenommen. Die zeitgenössischen Kirchen kannten den tatsächlichen (eher bescheidenen) Umfang dieser Bewegungen nicht und neigten in ihrer Wahrnehmung zur dramatisierenden Übersteigerung der Gefahr. Man mutmaßte überdies, dass diese Bewegung die neue, vom NS-Regime gewollte und unterstützte völkische Religion der Deutschen im „Dritten Reich" werden solle. In zahlreichen kirchlichen Verlautbarungen wie Hirtenworten, Predigten, Denkschriften und dergleichen mehr wurde folglich vor der Gefahr des „Neuheidentums" gewarnt. Das taten der Papst und katholische Bischöfe ebenso wie die völkischen Deutschen Christen oder die bibeltreuen Theologen der Bekennenden Kirche bei den Protestanten.

Auch Martin Niemöller thematisierte in seinen Dahlemer Predigten wiederholt die Neuheidengefahr, von der nun angeblich der Bestand des Christentums bedroht werde. In seiner Predigt vom 24. März 1935 sprach er zu seinen Konfirmandinnen und Konfirmanden über die „drohende tödliche Gefahr des sogenannten Neuheidentums" und führte aus:[24]

> Unserm Volk wird in unsern Tagen eine neue Religion angeboten, und sie wendet sich ganz ausgesprochen mit starker werbender Kraft und mit sichtlichem Erfolg an das jugendliche Gemüt und an die junge Generation [...] Ein seltsamer, berauschender Zauber geht von ihr aus; hier scheint erst die wahre frohe Botschaft für unser Volk gefunden zu sein: Es gibt keine Sünde mehr, du brauchst nichts zu bereuen; denn ‚der heilige und fordernde, der zürnende und richtende Gott, ist nur das Erzeugnis jüdisch-orientalischen Geistes; wir aber glauben an einen anderen Gott, der unseres Wesens und unseres Geistes ist, der unsere Werte anerkennt und mit unsern Maßstäben mißt'. Hier wird das Wort der alten *Schlange* wahr: ‚Ihr werdet sein wie Gott!', denn hier ist Gott wie wir, vom Menschen geschaffen, ein Bild, das uns gleich sei!

Namentlich von der Hauer-Bewegung und der Ludendorff-Bewegung, so argwöhnten Geistliche beider christlichen Konfessionen, ginge eine große Gefahr für den Fortbestand der Kirchen und des Christentums aus.[25]

Eine Episode mag „die Gefahr" verdeutlichen: Am 4. August 1937 besuchte die Gemeindehelferin Irmgard Gottschick im Auftrag ihrer Kirchengemeinde „Zum Guten Hirten" im gutbürgerlichen Stadtteil Berlin-Friedenau eine 27-jährige Volksschullehrerin, die soeben aus der Kirche ausgetreten war. Schockiert verfasste sie über das Gespräch einen Bericht für die Kirchenakten:[26]

> Sie erklärte sogleich, dass es nicht etwa die Kirchensteuer sei, die sie zu dem Schritt veranlasst habe, sondern ihre grundsätzliche Ablehnung der Evgl. Glaubenslehre. In Darlegung ihrer inneren Einstellung äußerte sie, gegebenenfalls sich als Anhängerin der Ludendorff-Bewegung zu bezeichnen. Ich musste es erleben, wie diese Frau sich nicht scheute, über alles, was den Christen heilig ist, in unerhörter Weise herzuziehen und wie sie selbst in Bezug auf den Herrn der Kirche eine Gotteslästerung hervorbrachte, die ich kaum wiederzugeben fähig sein würde. Bis dahin hatte ich ihr geantwortet, hieraufhin war es mir nur noch möglich, sie auf das Ungeheure ihrer Worte hinzuweisen. [...] Wie sie alles zur Diskussion Stehende als Lüge bezeichnete, leugnete sie auch die Haltung der Reichsregierung als eine bewusst christliche, der Führer nähme ja auch nie den Namen Christus in den Mund. – Wäre der Besuch unter Zeugen erledigt, so hätte sich die Volksschullehrerin wegen Vergehen bzgl. § 166 (Gotteslästerung) zu verantworten.

Obwohl die Pfarrer in der deutschchristlich beherrschten Friedenauer Kirchengemeinde dem braunen Zeitgeist so weit als irgend möglich entgegengekommen waren, machten sie jetzt die bittere Erfahrung, dass selbst ihr erheblich nazifiziertes Christentum einschließlich eines krassen Antisemitismus offenbar nicht genügten, um vor allem jüngere Generationen des „Dritten Reiches" in der christlichen Kirche zu halten. Die Konflikte um Glaube, Christentum und Weltanschauung mit Austrittswilligen häuften sich, besonders auffällig während der Jahre 1937 und 1938, als durchschnittlich etwa 200 bis 250 Personen ihre Mitgliedschaft in der Friedenauer Gemeinde aufkündigten.[27]

Geradezu verärgert darüber war der radikal deutschchristliche Friedenauer Pfarrer Lothar Nerger, der seit Jahren intensiv für eine Verschmelzung von Nationalsozialismus und Christentum geworben hatte. Nach dem Besuch bei einem austrittswilligen 37-jährigen Amtsobergehilfen notierte er zu Jahresende 1937:

> Am 30.12. die Fam., die von der Kirche gewissenhaft betreut worden ist, aufgesucht. C. ist durch einen Schulungskursus vollkommen aus der Fassung geraten. Was er mir im Laufe des über einstündigen Gesprächs an Widersinnigkeiten, Widersprüchen und lächerlich dummem Zeug verzapfte, ist einzig in seiner Art. Der Mann wird weiter beobachtet. Frau und Kind nach Möglichkeit weiter betreut.

Und ein Vikar der Gemeinde berichtete im Januar 1938 von seinem vergeblichen Versuch, einen 37-jährigen Ingenieur von seiner Entscheidung zum Kirchenaustritt abzubringen: Eine Religion, so bekam er zu hören, sei heute in Deutschland nur berechtigt, wenn sie „Rassenreligion" sei. Solange die Kirche einen Totalitätsanspruch erhebe, sei sie für den Staat gefährlich und müsse unterdrückt werden. „Auch die Predigt der Kirche", so hielt der Vikar die beunruhigende Meinungsäußerung jenes Mannes für die Akten fest, „untergrabe das Selbstbewusstsein des Volkes; Sünde, Erlösung sei nichts für Deutsche."[28]

Der Mann wird weiter beobachtet – das war ein deutlicher Hinweis darauf, wie sehr die christlichen Kirchen Mitte der 1930er Jahre noch meinten beanspruchen zu können, ein gesellschaftliches Monopol auf Glaube und Religion zu besitzen und folglich abweichende Personen unter Beobachtung stellen zu sollen. Die Kirchenaustrittsakten in dieser wie in vielen evangelischen Gemeinden der Reichshauptstadt sind angefüllt mit solchen und ähnlichen Weltanschauungsprotokollen, die Pfarrgehilfinnen, Diakone und Pfarrer im Anschluss an ihre Gespräche mit Austrittswilligen anfertigten. Sie eröffnen intime Einblicke in religiös-weltanschauliche Umbrüche der Gesellschaft der Hitlerzeit. Mit wachsender Regimedauer stießen Abgesandte der Gemeinde immer häufiger auf Personen, die den von kirchlicher Seite erhobenen Anspruch auf umfassende christliche Weltdeutung und Sinnstiftung selbstbewusst, bisweilen stolz und für gläubige Christen beleidigend schroff zurückwiesen.

Neben der Hauer-Bewegung glaubten vor allem Führung und Anhänger der Ludendorff-Bewegung, dass mit dem „Dritten Reich" ihre große Stunde gekommen sei. Die von Mathilde und Erich Ludendorff geführte religiös-völkische Bewegung schloss sich nicht dem von Hauer und Reventlow repräsentierten Dachverband an, sondern warb in scharfer Abgrenzung und Rivalität zu ihm um die Seelen abtrünniger Christen. Offiziell zwischen 1933 und 1937 wegen Kritik an NSDAP und Hitler verboten, gelang es den Ludendorffern gleichwohl, ihre Anhängerschaft zu verbreitern. Nicht zuletzt lässt sich das an der Auflage ihrer Halbmonatsschrift *Am Heiligen Quell Deutscher Kraft* ablesen, die von 5000 auf über 50 000 Exemplare wuchs. Dem NS-Regime konnte sich diese Glaubensgemeinschaft in religionspolitischer Hinsicht gelegentlich als nützlich erweisen, da sie sich aufgrund ihrer scharfen antirömischen Hetzpropaganda vorzüglich gegen die katholische Kirche instrumentalisieren ließ. Dies zeigte sich besonders zum Zeitpunkt der Verkündung der katholischen Enzyklika *Mit brennender Sorge* im März 1937. Unmittelbar danach empfing „der Führer" den einstigen „Feldherrn" Ludendorff zu einem Gespräch, was die öffentliche Anerkennung der Glaubensbewegung förderte und die Auflage ihres Organs auf 86 000 Exemplare anschwellen ließ.[29]

Im Dezember 1937 erhielt der verstorbene ehemalige Weltkriegsgeneral Ludendorff ein pompöses Staatsbegräbnis, das Reichskanzler Hitler mit seiner Teilnahme aufwertete. Als selbsternannte „Religionsstifterin" eines neuen Glaubensbekenntnisses namens *Deutsche Gotterkenntnis* stellte Mathilde Ludendorff den Anspruch, „nur ihre eigene Gotterkenntnis habe das Recht, die Grundfragen der Menschheit zu beantworten". Mathilde Ludendorff überlebte ihren Mann um fast 30 Jahre und verstarb 1966 im gesegneten Alter von 88 Jahren in Tutzing bei München.[30]

Die religiösen Bewegungen der Deutschgläubigen als neue Kirche, als „dritte Konfession“, blieben eine Episode. Ihre große Stunde als Organisator des frei schwebenden, postchristlichen Religiösen im „Dritten Reich“ kam nicht. Nachfrage und Bedarf aus dem breiten Reservoir der „vagierenden Religiosität“ waren durchaus vorhanden. Aber die Deutsche Glaubensbewegung war zu heterogen, religiös-theologisch zu unausgereift, vielfach in ihren religiösen Ideen zu skurril, und vor allem hatte sie keine tatsächlich charismatischen Führungsfiguren. Überdies: Es war bereits ein anderer „Führer“ da, der den ungestillten Hunger der Deutschen auf charismatische Führung über alle Maßen zu befriedigen schien. Vor allem scheiterte die Glaubensbewegung am entschiedenen Willen der regierenden NSDAP, außerhalb ihrer eigenen Reihen keine neue Weltanschauungspartei entstehen zu lassen. Sie infiltrierte und zersetzte die Glaubensbewegung erfolgreich. Der neue Glaube der Deutschen jenseits der christlichen Kirchen, so lautete die nationalsozialistische Partei- und Staatsräson, könne und müsse in der Weltanschauung der Hitlerpartei gefunden werden.

Gottgläubige

In der bewegten Religionslandschaft der 1930er Jahre sind „Deutschgläubige" und „Gottgläubige" zu unterscheiden. Erstere hatten eigene Netzwerke mit separaten Ortsgruppen. Sie führten eigene Versammlungen durch, verfügten über selbständige Medien (*Deutscher Glaube, Der Reichswart)* und hatten prominente Wortführer aus einer älteren Generation der Völkischen oder in Gestalt des separat agierenden völkisch-antisemitischen Schriftstellers Artur Dinter.[1] Hingegen identifizierten die „Gottgläubigen" als jüngere, fanatische Nationalsozialisten die Hitlerpartei und mehr noch Himmlers Eliteorden der SS als ihre neue Glaubensgemeinschaft.

Die konfessionelle Selbstbezeichnung „gottgläubig", die sich seit Mitte der 1930er Jahre in Personaldokumenten (offiziellen Lebensläufen und amtlichen Fragebögen, Heiratsurkunden, Sterbeurkunden etc.) zu häufen begann, erlangte durch eine Verfügung von Reichsinnenminister Wilhelm Frick vom November 1936 offiziellen Status. „Gottgläubig" nannten sich die neuen, braunen Dissidenten der NS-Zeit. Sie verstanden sich als „religiös" außerhalb der christlichen Konfessionen, und sie wehrten sich mit diesem Etikett gegen Kennzeichnungen als „atheistisch", als „Neuheiden" oder „Gottlose". Alle diese Bezeichnungen von christlicher Seite bewerteten sie als herabsetzend und wiesen sie zurück. SS-Führer Reinhard Heydrich sprach in einer Erläuterung für den NS-Dienstgebrauch vom Bekenntnis „zur kirchenfreien deutschen Religiosität".[2]

Faktisch handelte es sich um einen Personenkreis ohne eigenen organisatorischen Zusammenhang, ohne explizites Glaubensprogramm und ohne separate religiöse Praxis. „Gottgläubige" waren vorwiegend jüngere Parteikader, deren Glaube an Hitler und seine Bewegung inzwischen für sie persönlich mehr Gewicht hatte als ihre verblassende christliche Herkunftsprägung, und die deshalb die Kirchen verließen. Sie gehörten zur „vagierenden Religiosität" und kamen vorwiegend von den Rändern eines seit Jahrzehnten verweltlichten Protestantismus, weniger aus dem Katholizismus. „Gottgläubige" waren vor allem SS-Mitglieder, ferner hauptamtliche Parteifunktionäre, Beamte, viele Lehrer und andere Personen des öffentlichen Dienstes. Zu zwei Dritteln waren „Gottgläubige" Männer. Frauen wagten diesen religiösen Bruch mit der familiären christlichen Herkunftsprägung viel seltener. Verhältnismäßig hohe Anteile an der Bevölkerung erreichten „Gottgläubige" im Jahr 1939 in Thüringen (5,7 Prozent) und Sachsen (5,3 Prozent), ganz generell in protestantischen Gebieten und hier vorwiegend in industriellen und stark urbanisierten Regionen. In der Reichshauptstadt Berlin, damals noch eine führende Industriemetropole Deutschlands und zugleich Zentrum der nationalsozialistischen Administration, waren 1939 etwa 440 000 Personen (10,1 Prozent) als „Gottgläubige" registriert. Im Fall der katholischen Kleinstadt Dachau bei München erreichten sie stattliche 12,7 Prozent. Hier dürfte die ansässige KZ-Belegschaft (SS-Wachpersonal) eine maßgebliche Rolle gespielt haben. In der extrem nationalsozialistisch geprägten Universitätsstadt Jena erreichten die braunen Dissidenten beachtliche 15,8 Prozent, während die ostthüringische Industriestadt Gera einen Spitzenwert von 16 Prozent an „Gottgläubigen" aufwies.[3]

Eine Kurzbiografie mag verdeutlichen, was die Chiffre „gottgläubig" Mitte der 1930er Jahre eigentlich bedeutete. Matthes (Taufname: Matthäus) Ziegler war Jahrgang 1911 und Sohn eines Werkmeisters in Nürnberg. Als Kind des fränkisch-lutherischen Nationalprotestantismus wurde er früh und nachhaltig von der bündisch-völkischen Jugendbewegung (*Adler und Falken*) geprägt.[4] Seit 1931 studierte er Theologie und Germanistik in Erlangen. Im selben Jahr schloss er sich der NSDAP und SA an. 1932/33 setzte

Der angehende Theologe und NS-Volkskundler Matthes (Matthäus) Ziegler, ein führender Mitarbeiter bei Alfred Rosenberg

er sein Studium mit dem neuen Schwerpunkt Volkskunde bei Lutz Mackensen in Greifswald und Riga fort. Ergriffen vom protestantischen Erlebnis des Umbruchjahrs ging der Student im Herbst 1933 für abschließende Studien ins Zentrum des politischen Geschehens nach Berlin, wo er sich zum 1. Oktober der SS anschloss. Seit diesem Zeitpunkt nannte er sich nicht mehr „Matthäus" – offenbar klang ihm sein Vorname nun zu sehr biblisch-christlich –, sondern „Matthes". Mehr als der akademische Studienabschluss lockte allerdings in diesem Moment eine politische Karriere. Nach einem kurzen Intermezzo als „Abteilungsleiter für nordisches Brauchtum" im Stabsamt des Reichsministers Richard Walter Darré wechselte Ziegler wenige Monate später, ohne Studienabschluss, als Reichshauptstellenleiter in das Amt Rosenberg, wo ihm sogleich die Schriftleitung der *Nationalsozialistischen Monatshefte* übertragen wurde. Offenbar hatte der 23-jährige Noch-Student Ziegler Alfred Rosenberg mit seiner soeben erschienenen Bekenntnisschrift „Kirche und Reich im Ringen der jungen Generation“ so stark beeindruckt, dass er durch den NS-Chefideologen vom Fleck weg rekrutiert wurde.[5]

In seiner Bekenntnisschrift von 1933 schildert Ziegler seinen Glaubenswandel, eine Art religiöser Konversion, die sich bei ihm parallel zum politischen Aufstieg der Hitlerbewegung vollzog. Der junge Mann bekannte sich nun zu einem neuen „jungen Nationalismus“. Dieser, so führte er aus, praktiziere

> eine außerchristliche Lebenshaltung, weil er Staat und Volk ungebrochen, d. h. nicht von der Sünde her, sieht. Die christliche Lehre gehört nicht zu seinen Voraussetzungen, er kann auch ohne das Christentum leben! Denn er hat auf Grund seines Ausgangspunktes sein eigenes Ethos gewonnen und glaubt an die Wirklichkeit Gottes in ihm, der ihm Aufgabe und Schicksal setzt.

Sinn einer „deutschen Wiedergeburt“ müsse es sein, das deutsche Volk über die „abgrundtiefe Wesensverschiedenheit von Orient und nordischem Seelentum“ aufzuklären und aus diesem Gegensatz herauszuführen. Im Mittelpunkt der „nordischen Weltanschauung“, so verkündete der ehemalige Theologiestudent, stehe die „ungebrochene reine Verbindung mit Gott durch das Leben“.[6]

Das war die verbreitete völkische Grunderzählung von der angeblichen Überfremdung eines vage geahnten, vermeintlich wahren und ursprünglichen deutschen Lebens, Glaubens und Empfindens durch eine ‚artfremde‘ jüdisch-christlich-katholische Religion und Kultur. Diese Grunderzählung hatte der junge Mann als Gymnasiast in Nürnberg und der Erlanger Student bereits Jahre vor 1933 in der bündisch-völkischen Bewegung und NS-Studentengruppe in sich aufgesogen. Luther und Preußen hätten zwar gegen jene unheilvolle ‚Überfremdung‘ rebelliert, seien aber auf halbem Weg stehen geblieben. In Rebellion gegen seine christliche Elternhausprägung bekannte sich der junge Ziegler nun zu „nordischer Gottgebundenheit". Ziegler schlussfolgerte, die christliche Kirche müsse zukünftig ihre Ansprüche zurücknehmen. Die konkurrierenden Ganzheitsansprüche der Kirche und des „totalen Staates" würden einander ausschließen. Als zentralen Ausdruck des „neuen Glaubens" proklamierte Ziegler – hier sprach bereits der angehende nationalsozialistische Volkskundler als Protagonist einer „gläubigen Wissenschaft" (Wolfgang Brückner) – die Feste des „totalen Volkes" (Sonnenwenden, Frühling, Ernte) und die Feste der Nation. Wir stünden, so verkündete der junge postprotestantische Neugläubige mit großer Gewissheit, an der Schwelle eines Umbruchs, der für Jahrhunderte entscheidend sein werde.

Als Ziegler 1937 anlässlich seiner volkskundlichen Dissertation über „die Frau im Märchen" an der Universität Greifswald einen Lebenslauf einreichte, bezeichnete er sich nun auch offiziell als „gottgläubig".[7] Dem „gottgläubigen" Ehepaar Ziegler wurden im Laufe der Hitlerzeit sechs Kinder geboren, die das nordisch-völkische Glaubensprogramm der Familie in den ihnen von den Eltern verliehenen Vornamen unübersehbar in sich trugen: Ingrun, Wolf-Dieter, Gert Volker, Heidgard, Hildborg und Hallgrid. Dass der Buchstabe „H" bei der Namenswahl im „Dritten Reich" einen besonders hohen Rang genoss, ist allgemein bekannt. Eine Mehrzahl der sechs Kinder in dieser gottgläubigen Musterfamilie des „Dritten Reiches" dürfte bis Kriegsende nicht getauft worden sein. Sie erhielten vermutlich die völkische „Namensweihe". Zur Weihnachtszeit, so darf man ebenfalls mutmaßen, leuchtete im Hause Ziegler wohl nicht allein ein Christbaum, sondern auch der durch Himmler verliehene „Julleuchter" der SS, der sich in Familienbesitz befand.[8]

Deutschgläubige und Gottgläubige, das sei noch einmal betont, sind zu unterscheiden. Gleichwohl wiesen sie als Anhänger einer neuen deutsch-völkischen Religiosität große gemeinsame Schnittmengen auf. Doppelte Selbstzuschreibungen kamen häufig vor. So gehörten neben Ziegler auch andere „weltanschauliche Rigoristen" der NSDAP wie Lothar Stengel-von Rutkowski oder Johann von Leers zeitweilig zugleich dem „Führerrat“ der Deutschen Glaubensbewegung an.[9] Faktisch repräsentierte das religiöse Milieu der Deutschgläubigen eher die diversen Glaubensgemeinschaften der traditionellen, älteren völkischen ‚Seher und Künder‘, während die neuen, jüngeren und hochgradig politisierten Völkischen als fanatische Parteimitglieder innerhalb der NSDAP nach Höherem strebten. Und ihr gottgläubiges Bekenntnis zahlte sich zumeist aus: Sie übersprangen Laufbahnstufen auf dem Weg nach oben. Das Höhere für diese jüngere Generation der Völkischen war eine Karriere in der inzwischen nach Millionen zählenden Massenpartei NSDAP, insbesondere in der SS, und in dem durch diesen Eliteorden der „Unbedingten“ (Michael Wildt) immer mehr beherrschten Staatsapparat. Sie traten aus den Kirchen aus, hingen dem Nationalsozialismus als einer politischen Religion an und bezeichneten sich selbst als konfessionell „gottgläubig“.

Parteiglaube und religiöse Fraktionen in der NSDAP

Auch die nationalsozialistische Bewegung und ihre politische Partei wiesen religiöse Dimensionen auf. Das betraf die gläubige Verehrung ihrer charismatischen Führerfigur, ihre in permanenter Wandlung begriffene Weltanschauung wie auch die Praxis der braunen Kulte und Liturgien ihrer Masseninszenierungen. Diese religiösen Gehalte des Nationalsozialismus standen nicht quer zum hier beschriebenen *religious revival* der 1930er Jahre. Sie waren vielmehr selbst ein Ausdruck dieses Revivals, ein gewichtiger Bestandteil jener allgemeinen Trendumkehr: von der fortschreitenden Verweltlichung zu einer verkündeten religiösen Erneuerung der Deutschen durch den Appell zu *wieder mehr Glauben* in Staat und Volk. Viele ersehnten eine solche Umkehr, viele erwarteten die Resakralisierung einer angeblich schrecklich „gottlos" gewordenen Nation.

Im scharfen Gegensatz zur sowjetischen KPdSU und zur marxistisch-leninistisch ausgerichteten kommunistischen Partei in Deutschland (KPD) war die NSDAP keine atheistische Partei, die eine radikale *Gott-ist-tot*-Politik proklamierte und christliche Gotteshäuser schloss. Ganz im Gegenteil ist der beträchtliche Umfang von Kirchenneubau und von künstlerischer Neugestaltung vorhandener Kirchenräume im völkischen Zeitgeist der Epoche hervorzuheben. Als Musterbeispiel braun gefärbter Kirchenbauarchitektur im „Dritten Reich" kann die 1935 eingeweihte Martin-Luther-Kirche in Berlin-Mariendorf gelten. Christliche und nationalsozialistische Symbole zierten einen Triumphbogen im Innern der Kirche. In der Eingangshalle grüßten Reliefköpfe von Hindenburg und Hitler den Besucher. Das Kruzifix über dem Altar zeigte einen vergoldeten „sieghaften Christus“. Eine „Vaterlandsglocke“ trug ein Hakenkreuz und zitierte als Widmung einen Hitlerspruch. In Sakralkunst und Kirchenarchitektur realisierte sich in dieser neu erbauten Kirche im Süden der Reichshauptstadt die hybride Gläubigkeit der Epoche.[1]

Ohne ihren fanatischen, religiös überhöhten Glauben an „Volk“ und an „Deutschtum“, an „Rasse“, „Reich“ und „Führer“ ist die Dynamik der NS-Bewegung nicht hinreichend zu erklären. Dieser Sachverhalt ist in jüngerer Zeit mit Konzepten wie Nationalsozialismus als „politische Religion“ hinlänglich beschrieben und kontrovers diskutiert worden.[2] Das Massenschauspiel der Reichsparteitage in Nürnberg, der alljährliche Gedenkmarsch in München am 9. November zur Erinnerung an die ‚Gefallenen‘ des Hitler-Putsches von 1923, die Masseninszenierungen auf dem Bückeberg bei Hameln als völkisches, von *Blut-und-Boden*-Ideologie inspiriertes braunes Erntedankfest zeugen davon.[3] Hier und bei anderen neuen kultischen Angeboten von Partei und NS-Staat fand die von den christlichen Kirchen sich ablösende, heimatlos gewordene „vagierende Religiosität“ (Thomas Nipperdey) der Deutschen großenteils wieder eine neue spirituelle Heimat. Letztlich handelte es sich dabei um freiliegende religiöse Energien, die in beträchtlichem Maß in die imaginäre neue Kirche der Hitlerzeit einströmten.[4]

Im Parteiprogramm vom Februar 1920 bekannte sich die soeben gegründete NSDAP unter Punkt 24 zu einem „positiven Christentum“. Das war eine reichlich nebulöse Formulierung, von der niemand genau sagen konnte, was damit gemeint sei. Wichtiger als diese vage klingende und bei vielen zu irrigen Annahmen führende Erklärung zum Religionsthema war die unmittelbar folgende Einschränkung, deren Tragweite offenbar von vielen Zeitgenossen, namentlich von christlichen Wählern zur Zeit der Weimarer Republik, übersehen worden ist: Die im Parteiprogramm proklamierte Freiheit der religiösen Bekenntnisse, so heißt es anschließend, fände dort ihre Grenze, wo sie den Bestand des Staates gefährde oder

„gegen das Sittlichkeits- und Moralgefühl der germanischen Rasse" verstoße. *Sittlichkeits- und Moralgefühl der germanischen Rasse* – in dieser einschränkenden Formulierung von 1920 lässt sich die Andeutung eines für Partei und Bewegung übergeordneten, neuen deutsch-völkischen Glaubens erkennen, die nebulöse und dominant nichtchristliche Religiosität der völkischen Bewegungen. Sie konnte freilich von einer politischen Partei, die in einem Land mit überwiegend christlichem Wählervolk Mehrheiten gewinnen wollte, nicht offensiv propagiert werden. Dieser vorläufig noch kryptische Glaube trat erst während der späteren Regimephase des Nationalsozialismus als nunmehr staatlich sanktionierte religiös-weltanschauliche Alternative zu den beiden christlichen Konfessionen schärfer konturiert und mit Macht hervor.[5]

Nach mehreren Jahren einer erfolgreichen Festigung als diktatorisches Regime radikalisierte sich die religionspolitische Haltung von Partei und Staat spürbar: Die NS-Weltanschauung mitsamt dem ihr eingeschriebenen postchristlichen Gottglaube oder auch Deutschglaube sollte sukzessive den „alten Glauben", die von den christlichen Kirchen vertretene Glaubenstradition, verdrängen. Ein derart umstürzendes religionspolitisches Programm haben die Nationalsozialisten niemals explizit verkündet. Vielmehr gingen sie daran, ein solches Projekt als nationalsozialistische Praxis in immer mehr gesellschaftlichen Teilbereichen zu verwirklichen. Das schloss punktuell auch taktische Rückzüge ein, wenn zum Beispiel in manchen ländlichen, traditionell durch striktere christliche Frömmigkeit geprägten Regionen in öffentlichen Einrichtungen wie Schulen das Christenkreuz allzu abrupt abgehängt worden war. Öffentliche Empörung und Massenproteste waren die Folge und zwangen die sich inzwischen häufig allmächtig wähnenden Nationalsozialisten zu politisch eher peinlichen Rückzügen. Markante Beispiele für derartige religionspolitische Fehlversuche regionaler Parteiinstanzen bieten die teils spektakulären öffentlichen Streitereien um Kruzifixe in konfessionellen Schulen im katholischen Oldenburger Münsterland (November 1936), analoge Konflikte im schlesischen Waldenburg und Umgebung (November 1936) sowie in Oberbayern und der Oberpfalz zu Kriegszeiten im Spätsommer 1941.[6]

Unter Parolen wie „Entkonfessionalisierung des öffentlichen Lebens“ schränkten Partei und Staat spätestens seit 1937 den bisherigen Wirkungsbereich der beiden christlichen Konfessionen spürbar ein. Das geschah im Bereich der Schulen, wo in politischen Kampagnen (Stichwort „Volksgemeinschaft“) für die Gemeinschaftsschule anstelle der herkömmlichen Konfessionsschule geworben wurde. Das geschah durch die mit Monopolanspruch auf die Jugenderziehung auftretenden Parteiorganisationen, also vor allem Hitler-Jugend (HJ) und Bund Deutscher Mädel (BDM). Und auch die Universitäten waren betroffen, wo bisherige Ressourcen für die theologischen Fakultäten auf Disziplinen wie Ur- und Frühgeschichte, Germanistik und Volkskunde – sämtlich Fächer, die in den 1930er Jahren gezielt dem „neuen Glaube“ zuarbeiteten – umverteilt wurden. Auch im Bereich der Militär- und Krankenhausseelsorge büßten die Kirchen ihren traditionellen Einfluss Stück für Stück ein.[7]

Mit der Einführung sogenannter „Lebensfeiern“ anlässlich Geburt, Jugendweihe (traditionell-kirchlich war das Firmung bzw. Konfirmation), Eheschließung und Totenbestattung sollten die herkömmlich christlich geprägten Übergangsriten (*rites de passage)* durch Zeremonien des neuen Glaubens ersetzt werden. Einschlägige nationalsozialistische Feiern zur „Verpflichtung der Jugend“ anlässlich des Übertritts Jugendlicher vom NS-Jungvolk zur Hitler-Jugend fanden beispielsweise während der Kriegsjahre in der Potsdamer Garnisonkirche statt. Diese traditionsreiche preußische Militärkirche stand der NSDAP, ihren Gliederungen und verwandten Organisationen wie der Hitler-Jugend, der Nationalsozialistischen Betriebszellenorganisation, der NS-Kriegsopferversorgung, der NS-Volkswohlfahrt und anderen parteinahen Verbänden seit 1933 für zahlreiche Parteifeiern zur Verfügung.[8]

An besonderen Kultorten wie der NS-Ordensburg Vogelsang (Nordeifel) diente eine „Ehrenhalle" als Gedenkstätte für die „Gefallenen der Bewegung". „Blickfang war die von einem Rundbogen durchbrochene östliche Stirnwand. Wie im Allerheiligsten archaischer Tempel verbarg alltags ein schwerer bodenlanger Vorhang den Bogen. Geöffnet, gab er den Blick frei auf eine viereckige Kultnische […] In ihr, gleich dem Götterbild in der antiken Tempelcella oder dem christlichen Hauptaltar in Kirchen, bot sich, magisch beleuchtet, der ‚Deutsche Mensch' dar – ein nackter Mann, der den rechten Arm in einem Gruß- oder Segensgestus erhebt." An der Rückwand dieser Nische waren die Namen der Mitverschwörer Hitlers aufgeführt, die beim Marsch auf die Feldherrnhalle 1923 erschossen wurden. Das Raumensemble glich einem „Gesamtkunstwerk einer ‚arisierten' Kathedrale des Rassen- und Todeskults" (Dieter Bartezko).[9] Vor dieser sakral aufgeladenen, altarähnlichen Kulisse fanden nationalsozialistische ‚Taufen' („Namensgebung") und „Eheweihen" statt. Bei diesen „braunen Hochzeiten" dienten die Ordensjunker als Trauzeugen. Der Burgkommandant pflegte in der Rolle eines Hohepriesters aufzutreten und begründete in einer Ansprache den nationalsozialistischen Sinn der Ehefeier.[10]

Anlässlich einer Hochzeitszeremonie von drei Brautpaaren am 27. November 1937 erklang nach der Deklamation eines „1. Sprechers" (Ermahnung zu Treue und Vaterland) das Lied der Kameradschaft „Grüsset die Fahnen", gefolgt von der standesamtlichen Trauung und einem musikalischen Vortrag (Erster Satz der 1. Symphonie von Beethoven). Nach der „Traurede" des Burgkommandanten und dem Ringwechsel stimmte die Feiergesellschaft das Horst-Wessel-Lied an. Ein „2. Sprecher" verkündete sodann den Brautpaaren lichte Zukunftsaussichten („Ein großes Tor ist vor euch aufgetan …"). Zum Ausklang sang die Feiergemeinde das SS-Lied „Wenn alle untreu werden …". Unter musikalischer Begleitung von Richard Wagners Lohengrin folgten die Brautpaare dem feierlichen Fahnenausmarsch.[11]

Nationalsozialistische „Eheweihe“ auf der NS-Ordensburg Vogelsang in der Eifel (ca. 1937)

Insbesondere im Fall von Totenfeiern anlässlich der Beisetzung prominenter Nationalsozialisten (Wilhelm Gustloff, Hanns Kerrl, Fritz Todt, Reinhard Heydrich) kamen genuin religiöse Momente des NS-Kults zum Ausdruck. Aber der Umgang mit dem Tod war und blieb für die Nationalsozialisten, ungeachtet aller heroischen Gesten, ein dauerhaftes Problem. Er war mächtiger als sie selbst und kränkte ihre Allmachtsphantasien. Von der christlichen Deutung des Todes wollten sie sich als Pioniere eines neuen Glaubens lösen. Gleichwohl fiel es der NS-Bewegung schwer, einen eigenen Mythos vom Fortleben nach dem Tod an ihre Stelle zu setzen. Der ‚deutsche Tod‘ sollte im Idealfall ein Heldentod nach großem Kampf sein. Sinngemäß hieß das dann etwa in Ansprachen: Er oder sie habe gelebt, heldenhaft gekämpft und sei gestorben für Hitler und Deutschland; er oder sie möge nun fortleben in der Sippe und im ewigen Reich der Deutschen. Gleichwohl, mit der Transzendenz taten sich die nationalsozialistischen Neugläubigen schwer, was sich als besonders gravierend angesichts des Massensterbens zu Kriegszeiten erweisen sollte.[12] Eine Massenverbreitung unter den Millionen Parteimitgliedern erlangten die neureligiösen Feiern, insbesondere zu Geburt und Totenbestattung, jedoch nicht. Das christlich-kirchliche Monopol auf diesen Gebieten konnte zu keinem Zeitpunkt der NS-Herrschaft ernsthaft gefährdet werden.[13]

Gleichzeitig wurde der von christlicher Tradition bestimmte Jahresfestkalender durch genuine NS-Feiern erweitert, teilweise auch völkisch-nationalsozialistisch überschrieben und umgeprägt. Zu diesem Festkalender gehörten: „Tag der Machtergreifung" (30. Januar), Parteigründung der NSDAP (24. Februar), Hitlers Geburtstag (20. April), „Tag der nationalen Arbeit" (1. Mai), „Gedenken an die Märtyrer der Bewegung" (9. November). Diverse Versuche der Einführung nationalsozialistisch gedeuteter Jahresendfeiern zur Wintersonnenwende („Julfeier") anstelle von christlichen Weihnachtsfeiern zeugen ebenfalls davon. Spätestens mit der Kriegswende um 1943 kamen diese Ansätze zu einer Umprägung des traditionellen christlichen Fest- und Feierkalenders jedoch weithin zum Erliegen.[14]

Eine für die Zeitgenossen klar erkennbare religionspolitische Strategie von NS-Staat und Partei existierte indessen nicht. Es gab auf dem sensiblen Gebiet von Glaube und Religion viel Hin und Her, viel Vor und Zurück, *trial and error*, vielerlei Irritationen, Ambivalenzen und Paradoxien. Das Religionsproblem, in der Parteiterminologie häufig als „religiöse Frage" bezeichnet, war parteiintern dauerhaft ungeklärt. Glaubensfragen wurden in der auf Souveränität bedachten, auf Einigkeit und „Volksgemeinschaft" zielenden NSDAP als ein Störfaktor wahrgenommen. Wann immer möglich, blieben Konfessions- und Religionsfragen in der Partei ausgeklammert und beschwiegen. Ihre angebliche „Lösung" wurde auf die fernere Zukunft nach dem verheißenen „Endsieg" verschoben.

Statistische Erhebungen zeigen, dass die NSDAP nach der Konfessionszugehörigkeit ihrer Mitglieder selbst in späteren Regimejahren noch immer eine ‚christliche Partei' war. Deutlich über zwei Drittel ihrer Mitglieder gehörten im Sommer 1939 zugleich einer christlichen Kirche an. Und selbst im weltanschaulichen Vortrupp von Himmlers SS erreichten diese nominellen Christen zu Jahresende 1938 einen Anteil von über 70 Prozent, während sich knapp 26 Prozent der SS-Mitglieder als „gottgläubig" deklarierten. Schaut man näher auf die verborgene Religiosität innerhalb der Partei, so zeigt sich, dass in Religionsfragen parteiintern unausgesprochen eine erstaunliche Gesinnungsvielfalt herrschte.[15]

In der Parteiführung dominierten „weltanschauliche Rigoristen" wie Reichsführer-SS Heinrich Himmler und Reinhard Heydrich, Chef des Reichssicherheitshauptamts, einerseits und Chefideologe Alfred Rosenberg andererseits mit radikalen religionspolitischen Utopien im Sinne einer „Endlösung der religiösen Frage". Die Himmler- und Heydrich-Fraktion mit ihrem Weltanschauungsunternehmen „Ahnenerbe e. V."[16] sowie – konkurrierend – das „Amt Rosenberg" mit seinem weltanschaulichen Überwachungsstab und dem Erziehungsprojekt der „Hohen Schulen"[17] trieben den religiösen Mentalitätsbruch in dem christlich geprägten Land mit kulturrevolutionären Konsequenzen voran. Sie verstanden sich nicht nur als antikirchlich, sondern als dezidiert antichristlich. Christlicher Glaube und deutscher Gottglaube, so ihre weltanschauliche Überzeugung, gingen auf längere Sicht nicht zusammen, sondern seien unverträglich und folglich würde der eine Glaube dem anderen weichen müssen.

Den „weltanschaulichen Rigoristen" standen in der nach Millionen zählenden Hitlerpartei religiöse Traditionalisten gegenüber, die hier „christliche Nationalsozialisten" genannt seien. Sie hielten ein germanisiertes Christentum und NS-Weltanschauung für durchaus miteinander vereinbar. Viele sahen in einer solchen Synthese sogar den eigentlich wünschenswerten, den ‚richtigen' Nationalsozialismus. Sie waren in der Parteispitze schwächer vertreten, wenngleich sich einige Führungsfiguren aufzählen lassen: Reichskirchenminister Hanns Kerrl, der bayerische Kultusminister Hans Schemm, der Oberpräsident der Provinz Brandenburg Wilhelm Kube, der ostpreußische Gauleiter Erich Koch und einige weitere Funktionsträger sind zu nennen. Gewiss, das waren keine Top-Ten-Nazis in der Parteihierarchie, aber doch regionale und zeitweilig einflussreiche Parteiführer. Die religiöse Fraktion der christlichen Nationalsozialisten war an der Parteispitze zwar schwächer vertreten, ihre Anhänger spielten allerdings auf der mittleren und der breit ausfächernden unteren Parteiebene eine wichtige Rolle. Gerade sie waren für die Loyalitätsbindung großer christlicher Bevölkerungsteile von hoher Bedeutung, denn viele Parteigenossen bekannten sich sowohl als politisch gläubige Nationalsozialisten, wollten zugleich aber an ihrer christlichen Tradition festhalten. Vor allem sie repräsentieren das verbreitete Phänomen eines religiösen Synkretismus der Epoche, einer individuell gelebten, doppelten politisch-religiösen Gläubigkeit, ohne die das Funktionieren des NS-Systems überhaupt nicht zu erklären ist.[18]

Dem charismatischen Parteiführer Hitler sowie seinem getreuesten Nachfolger unter den ‚Jüngern' und beflissenen Lippenableser Joseph Goebbels, der – wie seine Tagebücher belegen – bemüht war, sein Ohr stets sehr nah am „Führer" zu haben, ist in dieser Konstellation die Rolle von eher vermittelnden parteipolitischen Zentristen zuzuschreiben. Zwar unterschieden sie sich im ideologischen Kern nicht erheblich von den „weltanschaulichen Rigoristen". Aber als politische Strategen waren sie gleichwohl bemüht, die extremen Vorstöße der radikalen Weltanschauungskrieger von Fall zu Fall auszubremsen, um den allzu scharfen kulturrevolutionären Bruch der propagierten „Volksgemeinschaft" in einen antichristlichen und einen christlichen Teil aus Gründen der politischen Machtbalance zu vermeiden.[19]

Zwischenbilanz: Religiöse Vielfalt und interkonfessionelles Dilemma

Es ist Zeit für eine Zwischenbilanz. Das weltanschaulich-religiöse Feld der Epoche erweist sich als verwirrend aufgewühlt und bunt, extrem vielgestaltig und in ständiger Bewegung begriffen. Viele religiöse Akteursgruppen konkurrierten mit- und gegeneinander im Glauben daran, die berufenen Träger des wahren Heils der Deutschen zu sein. Dieser exorbitante kollektive Hunger nach „Heil" charakterisiert die Epoche. Das lag nicht zuletzt an der dichten Folge von Katastrophenerfahrungen: Weltkrieg 1914–1918; Revolutionsunruhen 1918/19; ein abrupter Moderneschock durch das Ende der Monarchien, durch Republik und Demokratie; das Syndrom Versailles als tiefgehende nationale Demütigung; die ökonomischen, sozialen, politischen und moralischen Turbulenzen der Hyperinflationszeit bis Ende 1923; und schon bald darauf die verheerenden Wirkungen von Weltwirtschaftskrise und Massenarbeitslosigkeit; schließlich politischer Extremismus und die Eskalation von Gewalt auf den Straßen.

Auch die mangelnde Fähigkeit der beiden großen christlichen Konfessionen, diese Erschütterungen aufzufangen und den ungestillten Hunger nach „Heil" auf traditionell-religiöse Weise zu befriedigen, spielte eine Rolle. So erwarteten viele Verunsicherte und Depravierte von politischen Parteien, was der herkömmliche Glaube und seine Institutionen nicht mehr hinreichend zu leisten im Stande waren. Politik wurde weltanschaulich überfrachtet, einige Parteien mutierten zu Trägern heilsversprechender Weltanschauungen, die nicht nur Lösungen, sondern ‚Erlösungen' anboten. Seit

Ende der 1920er Jahre und vermehrt während der frühen 1930er Jahre hielt die Hitlerbewegung auf diesem Feld reichliche Ernte.

Im Protestantismus stritten völkisch-antisemitische Deutsche Christen und biblizistisch-fromme Bekenntnischristen als deren Opponenten um Vorherrschaft innerhalb einer zerrissenen und durch eine schwere Identitätskrise verunsicherten Mehrheitskonfession. Daneben verharrten die auf ihr religiöses Kernmilieu zurückgedrängten katholischen Deutschen in einem mehr und mehr verengten Sakristeichristentum. In der Millionenpartei NSDAP standen „christliche Nationalsozialisten" und antichristliche „Gottgläubige" als diskrete religiöse Gesinnungsfraktionen nebeneinander. Aus Gründen der Parteiräson waren beide Seiten angewiesen, ihre Glaubensunterschiede zurückzustellen und die ungelöste „religiöse Frage" nicht offen in der Partei auszutragen. Ein radikal übersteigerter Nationalismus, der Glaube an Hitler und Deutschland hielt sie zusammen. Außerhalb der Kirchen und jenseits der Hitlerpartei schlossen sich postprotestantische „Deutschgläubige" mit dem Anspruch auf staatliche Anerkennung als „dritte Konfession" zusammen. Andere „neuheidnische" Gruppierungen wie die eigenständige Ludendorff-Bewegung (Deutsche Gotterkenntnis) oder die marginale Dinter-Bewegung verweigerten sich der deutschgläubigen Sammlungsbewegung und führten – mal mehr, mal weniger behelligt durch das argwöhnisch kontrollierende NS-Regime – ihr separates Sektenleben fort.

Nicht zu vergessen sind schließlich die diversen „Freikirchen" der 1930er Jahre. Als kleinere christliche Glaubensgemeinschaften (Baptisten, Mennoniten, Methodisten, Mormonen, Neuapostolische Kirche, Pfingstbewegung, Zeugen Jehovas) waren sie auf ein abgeschottetes Eigenleben verwiesen. Sie litten keineswegs sämtlich und durchgängig unter schwerer Verfolgung. Einige erlagen vielmehr der trügerischen Versuchung, sich durch eine weitgehende Regimeanpassung in eine vermeintliche Vorzugsstellung bei den Machthabern manövrieren zu können. Und Juden und Judentum hatten als diskriminierte Minderheit überhaupt keinen Raum zur Entfaltung, sondern litten seit Regimebeginn brutale Verfolgung. Als Akteur auf dem religiösen Feld schieden sie von vornherein aus.[1]

Alle diese nichtjüdischen Glaubensgemeinschaften und Gesinnungsfraktionen stritten auf dem heftig in Bewegung geratenen religiösen Terrain der Hitlerzeit um religiöse Existenz, um Identität und Legitimität, um Positionsgewinne. Einige größere Gruppierungen beanspruchten religiöse Hegemonie, während andere, kleinere Richtungen sich mit bloßer Anerkennung oder Duldung durch das religionspolitisch restriktive NS-Regime begnügten. Bezogen auf die größeren religiösen Akteursgruppen ließe sich resümieren: Aus dem traditionellen konfessionellen Zweikampf zwischen Katholiken und Protestanten war durch massives Hinzutreten der völkischen „Neuheiden“ in vielerlei Gestalt („Deutschgläubige“, „Gottgläubige“, Nationalsozialisten als gläubige Anhänger einer neuartigen politischen Religion) ein religiöser Dreikampf geworden. In diesem Dreikampf ging es um eine für alle Deutschen fundamentale Frage: Christentum oder neudeutscher Gottglaube als allgemeines religiöses Bekenntnis der proklamierten nationalsozialistischen „Volksgemeinschaft“?

Aus der Rückschau erscheint vor allem ein Sachverhalt als erstaunlich und erklärungsbedürftig: Warum konnten sich die beiden großen christlichen Konfessionen im Moment höchster existenzieller Gefährdungen durch einen neuen mächtigen religiösen Wettbewerber um die Seelen der Deutschen nicht enger zusammenschließen und vereint gegen die große Herausforderung jenes als „Antichrist“ wahrgenommenen Gegners zur Wehr setzen? Eine international agierende christliche Ökumene blieb ungeachtet mancherlei Ansätzen und Bemühungen schwach. Der römische Katholizismus verstand sich als die eine christliche Weltkirche mit exklusivem Geltungsanspruch. Statt Zusammenarbeit mit dem Weltprotestantismus legte er – ob nun ausgesprochen oder unausgesprochen – den abgefallenen evangelischen Glaubensbrüdern und Glaubensschwestern doch eher eine Rückkehr zur alten und einzig wahren Kirche nahe.

Und die internationale Solidarität unter den protestantischen Kirchen hatte ihre eigenen Schwierigkeiten. Die offizielle *Deutsche Evangelische Kirche* (DEK), in enger Verbindung mit dem unter nationalsozialistischer Führung stehenden Reichskirchenministerium, war daran nicht sonderlich interessiert. Nationalsozialistische Deutsche Christen und der angepasste deutsche Normalprotestantismus des „Dritten Reiches" sahen überhaupt wenig Anlass, die Solidarität der britischen, US-amerikanischen oder skandinavischen Kirchen zu suchen. Sie sahen in deren kritischen Statements zu den konfliktreichen deutschen Kirchenverhältnissen eher unerbetene Einmischung in innere deutsche Angelegenheiten. Einzig Vertreter der Bekennenden Kirche knüpften intensivere Auslandskontakte in Erwartung auf Unterstützung für ihre Sache. Insbesondere nach England, wo der junge Dietrich Bonhoeffer von 1933 bis 1935 ein Londoner Auslandspfarramt innehatte und überaus wichtige, enge Austauschbeziehungen zwischen George K. A. Bell, Bischof von Chichester und Präsident des Ökumenischen Rates der Kirchen, und dem bruderrätlichen Flügel der Bekennenden Kirche vermittelte.[2] Auch in die USA, zu den unmittelbaren Nachbarn Schweiz und Niederlande sowie nach Skandinavien gab es intensive Kontakte, die der deutschen Kirchenopposition einen gewissen Rückhalt boten. Die kritische internationale Medienresonanz gegenüber den umkämpften deutschen Kirchenverhältnissen war zweifellos ein Faktor, der half, die deutschchristliche Kirchenpolitik und nationalsozialistische Religionspolitik gelegentlich zu mäßigen – so etwa während der Krise um die kurzfristig abgesetzten evangelischen Bischöfe Hans Meiser in Bayern und Theophil Wurm in Württemberg im Herbst 1934. Entscheidenden Einfluss jedoch konnten diese Auslandsverbindungen auf die verworrenen deutschen Kirchenverhältnisse zu keinem Zeitpunkt ausüben.[3]

Vor allem mag in der Rückschau erstaunen, dass es unter der gemeinsamen Bedrohungslage der NS-Zeit nicht zu offiziellen Kontakten zwischen beiden christlichen Großkirchen im Sinne einer gemeinsamen ökumenischen Aktion kam. Lediglich individuelle Gesprächskontakte über die Konfessionsgrenzen hinweg lassen sich belegen. Im März 1937 beispielsweise schlug Martin Niemöller dem katholischen Bischof von Berlin Konrad Graf von Preysing eine „Einheitsfront" von Bekennender Kirche und katholischer Kirche vor. Wenig später führte Niemöller ein Gespräch mit ähnlicher Zielsetzung mit Clemens August Graf von Galen, dem katholischen Bischof in Münster.[4] Folgen hatten diese und manche weiteren individuellen Kontakte zwischen Protestanten und Katholiken nicht. Selbst während der historischen Ausnahmesituation des „Dritten Reiches" blieben die seit der Reformationszeit tief eingefahrenen historischen Gräben zwischen den Konfessionen unüberwindlich.

Und ein anderes Dilemma kam hinzu: An welche Fraktion bei den extrem zersplitterten deutschen Protestanten sollte sich die römische Weltkirche oder eine katholische Bischofskonferenz als Repräsentant der deutschen Katholiken – wenn sie denn gewollt hätten – wenden? An den deutschchristlichen Reichsbischof Ludwig Müller, einen überzeugten Nationalsozialisten, der seit Herbst 1934 keine kirchenpolitische Bedeutung mehr hatte? An die in Berlin residierenden und überwiegend deutschchristlich geführten Rumpforgane der neuen Reichskirche, die offiziöse und regimenahe Deutsche Evangelische Kirche (DEK) bzw. den Deutschen Evangelischen Kirchenausschuss (DEKA)? Sie repräsentierten eine im Juli 1933 qua Kirchenverfassung auf dem Papier begründete evangelische Reichskirche, die infolge scharfer Fraktionierungen des Kirchenstreits faktisch jedoch niemals realisiert werden konnte. Oder hätten sich die katholischen Bischöfe an die kaum weniger mit den Machthabern kollaborierende evangelisch-kirchliche Mitte wenden sollen, die wenig Zusammenschluss und keine Repräsentativorgane hatte? Oder womöglich an die Bekennende Kirche, die von Beginn an in einen gemäßigten lutherischen Flügel und eine entschiedene Kirchenopposition („Dahlemiten") gespalten war und im Februar 1936 nach heftigen Streitereien auf der vierten Reichsbekenntnissynode in Bad Oeynhausen vollends in zwei auseinanderdriftende Fraktionen zerfiel?

Fazit: Eine ökumenisch inspirierte Aktion zur Verteidigung gemeinsamer christlicher Grundwerte und kirchlicher Interessen konnte unter den gegebenen historischen Umständen kaum stattfinden. Es fehlte dazu an Willen, Bereitschaft, institutionellen Voraussetzungen, und die historisch tief begründeten wechselseitigen Feindbilder taten ein Übriges. Wohl noch am ehesten ergab sich ein Zusammenwirken punktuell und zu einem historisch späten Zeitpunkt, etwa in der Subversion christlichen Widerstands zu Kriegszeiten. Zu nennen sind interkonfessionelle persönliche Kontakte in der Widerstandsgruppe des „Kreisauer Kreises" oder das individuelle Zusammenwirken von Geistlichen beider Konfessionen in der Gefangenschaft. Dies geschah beispielsweise, als sie während der Kriegsjahre als Inhaftierte von Konzentrationslagern wie im „Pfarrerblock" des KZ Dachau zusammentrafen.[5]

Kurz: Das innerprotestantische Dilemma der Epoche war groß, und kaum minder groß war das interkonfessionelle Dilemma zwischen den beiden großen christlichen Konfessionen angesichts des Vordringens eines völkisch-nationalsozialistischen Neuglaubens und einer staatlich forcierten Politik der „Entkonfessionalisierung des öffentlichen Lebens" durch das NS-Regime.

III.
Juden, Antisemitismus und „Kristallnacht“

Juden, Judentum, Antisemitismus

Juden und das Judentum als Religion waren keine eigenständigen Player auf dem pluralistisch weit ausfächernden Religionsfeld der 1930er Jahre. Am *religious revival* der Epoche waren sie nicht nur nicht beteiligt, vielmehr erfuhren sie die religiöse Erweckung um 1933 als Frontalangriff auf die eigene religiöse, soziale und bald auch physische Existenz. Ihnen wurde von einer religiös bewegten Majorität der Ort des Negativen zugeschrieben. Sie fungierten als das mobilisierende „Feindbild" schlechthin und somit als ein Opfer anderer antisemitischer Akteursgruppen. Alles dies war aufgrund einer lange währenden Antisemitismusgeschichte nicht neu, wurde aber seit 1933 staatlich forciert, gewissermaßen zur Staatsräson, und auf eine bis dahin nicht gekannte Spitze getrieben. Diese Ausgrenzung erfolgte in erster Linie durch radikalnationale und völkische Akteure und Bewegungen im Kontext eines propagierten „Rassenkampfes", der zugleich eine religiöse Komponente hatte, und der von einem vergleichsweise moderateren christlich motivierten Antijudaismus begleitet war.

Bereits zu Zeiten der Weimarer Republik war das Judentum durch Antijudaismus und Antisemitismus von politischen Parteien (Deutschvölkischer Schutz- und Trutzbund, Deutschnationale Volkspartei, in späteren Jahren vor allem durch die NSDAP), durch die christlichen Kirchen beider Konfessionen, durch große Verbände und zahlreiche Vereine (Stahlhelm. Bund der Frontsoldaten, Alldeutscher Verband, Evangelischer Bund, Deutsche Adelsgenossenschaft, ferner diverse studentische Verbindungen) und prominente völkische Publizisten wie zum Beispiel Ernst Graf zu Reventlow oder Wilhelm Stapel erheblich eingeschränkt im Wettbewerb der

Religionen und Konfessionen.[1] Seit Hitlers Machtantritt waren Juden und Judentum durch Gesetzgebung und staatlich exekutierten Antisemitismus ausgeschlossen, verfemt, vertrieben, dämonisiert und schließlich zu Kriegszeiten der Vernichtung preisgegeben. Dabei waren „Rasse“ und „Religion“ in den Weltbildern der Organisatoren dieser kollektiven Austreibungsbewegung häufig nicht voneinander zu trennen, sondern verhielten sich als Feindbilder in ihren Weltanschauungen komplementär zu einander.

Hervorgehoben sei an dieser Stelle noch einmal: Es handelte sich bei der NSDAP, die als Motor diese antijüdischen Exklusionen und Verfolgungen vorantrieb, *nicht* um eine atheistische oder radikal säkulare Partei, sondern um eine sakral aufgeladene, durch vielfältige Schattierungen auch religiös strukturierte Partei. Mehrheitlich sind ihre Mitglieder, so die hier vertretene These, als „christliche Nationalsozialisten“ zu bezeichnen, bei denen sich der alte und der neue Glaube in Gemengelage zu einem brisanten Weltanschauungsgemisch vereinten. Die jüngere Forschung spricht für diese Ausprägungen des Religiösen im „Dritten Reich“ von multiplen oder hybriden Gläubigkeiten.[2] Selbst die Anhänger der radikal postchristlichen NS-Parteifraktion der „weltanschaulichen Rigoristen“ rühmten sich ausdrücklich *nicht* einer modernen „Gottlosigkeit“, sondern bekannten sich als „Gottgläubige“ zu einer spezifischen NS-Religiosität, auch wenn diese intern noch unausgegoren war und kontrovers diskutiert wurde. Die eigentlichen Schöpfer oder ‚Theologen‘ dieses neuen Glaubens an einen Gott der Deutschen, an Deutschtum und Hitlerbewegung, die fortlaufend religiöse Bekenntnisse (zumeist in Versform präsentierte „Sinn- und Glaubenssprüche“) zum praktischen Parteigebrauch für nationalsozialistische „Lebensfeiern“ und dergleichen Zeremonien lieferten, waren weniger die maßgeblichen Parteiführer (im fortgeschrittenen Durchschnittsalter zwischen 40 und 50 Jahren), sondern eine ganz junge Generation von Parteidichtern und Publizisten[3] wie Hans Baumann (geb. 1914)[4], Baldur von Schirach (geb. 1907)[5] oder Gerhard Schumann (geb. 1911).[6] Ihre dichterischen Hervorbringungen (Lieder, Gedichte, Spruchsammlungen, Fibeln und Wandsprüche) lieferten das Material für die liturgischen Inszenierungen des Nationalsozialismus als politische Religion. Und es war vor allem die Generation der Schuljugend der 1930er Jahre, der Hitler-Jugend und des Bundes Deutscher Mädel, die solches Gedankengut emotional verinnerlichte und damit aufwuchs. Diese Parteitheologen popularisierten ein manichäisches Weltbild von Hell und Dunkel, von Heil und Unheil. Wie jeder Heilsglaube benötigte auch dieser neue Heilsglaube seine totale Negation: das Böse, Dämonen, „der Jude". Es war eine solche religionsgeschichtliche Regression, die große Teile der Deutschen im frühen 20. Jahrhundert erfasste.[7]

Am Sonntag, den 2. Juni 1935 sprach Reichsjugendführer von Schirach im Rundfunk anlässlich einer „Deutschen Morgenfeier der Hitler-Jugend". Hier legte er ein prototypisches Bekenntnis des neuen Glaubens ab:

> Wir alle glauben an einen allmächtigen Gott. Denn wir alle, auch die Jüngsten von uns, sind Zeugen der wunderbaren Wandlung, die unser Volk durch seine Hilfe erfahren hat, der Wandlung von der Ohnmacht und Zerrissenheit zur Kraft und Eintracht […]. Das Erlebnis der Kameradschaft und der Einigkeit ist für uns nicht nur ein politisches, sondern auch ein religiöses. Niemand hat das Recht, ein solches Erlebnis mit niedrigen Anwürfen zu beschmutzen, am wenigstens derjenige, der selbst mit religiösen Dingen politische Geschäfte macht. Wir meinen, dem Allmächtigen zu dienen, wenn wir mit unseren jungen Kräften versuchen, Deutschland wieder einig und groß zu machen. Uns erscheint dieser Dienst am ewigen Deutschland als ein wahrer, treuer Gottesdienst.[8]

Unter der Regie des offenkundig nationalsozialistisch-neugläubigen Reichsjugendführers fanden in der Potsdamer Garnisonkirche seit

1934 wiederholt Fahnenweihen und feierliche Verpflichtungen der Hitler-Jugend statt. Das waren authentische NS-Kultveranstaltungen, zelebriert in einer von christlicher Tradition geprägten preußischen Militärkirche.[9]

Es ist religionsgeschichtlich von hoher Signifikanz, wenn während der Novemberpogrome 1938 jüdische Gotteshäuser geschändet, verwüstet und das eigentliche Heiligtum in den Synagogen, die Thorarollen, öffentlich verbrannt wurden. In manchen Straßen spielten Schulkinder Fußball damit.[10] Ein Berliner Droschkenfahrer hatte die Schändungen im November 1938 beobachtet und bemerkte, als die Trümmer der Synagogen noch rauchten, gegenüber einer von Verfolgung bedrohten evangelischen Christin jüdischer Herkunft: Die 10 Gebote seien eigentlich sehr gut gewesen, man habe seine Kinder danach erziehen können, aber nun hätten sie die – er meinte die Gebote – ja verbrannt.[11]

Es ist religionsgeschichtlich von Gewicht, wenn Nationalsozialisten für die rassisch-antisemitisch motivierte Unterscheidung von „deutschblütig“ und „fremdblütig“ keine genuin biologisch-medizinischen oder rassenanthropologischen Kriterien fanden, sondern auf die Religion als Ersatzkriterium zurückgreifen mussten. Als „Jude“ galt, wer der jüdischen Religionsgemeinschaft angehörte oder wessen Vorfahren dieser Gemeinschaft entstammten. Religiöse Zugehörigkeit sollte demnach über die Zuschreibung angeblicher Rassenzugehörigkeit entscheiden, letztlich über die polarisierende Zuschreibung von „gut“ und „böse“ innerhalb eines religiös aufgeladenen apokalyptischen Weltbilds.[12]

Und es sagt schließlich viel über den religiösen Zeitgeist der Epoche aus, wenn die beiden großen christlichen Konfessionen für den vom NS-Regime verlangten Ariernachweis die Eintragungen ihrer Kirchenbücher der antisemitischen Ausgrenzung und Verfolgung zur Verfügung stellten. Ohne diese Informationen wäre das böse Spiel von völkischer Inklusion und Exklusion nicht möglich gewesen.[13] Christliche Theologen wie der Berliner evangelische Pfarrer

Der Berliner Pfarrer und „Sippenforscher" Karl Themel (1933)

Karl Themel wirkten durch eigene, von seiner Kirche finanzierten Sippenforschungen an der völkischen Ausgrenzung mit. Die von Themels „Kirchenbuchstelle Alt-Berlin" erzielten Forschungsergebnisse über jüdische Vorfahren von evangelischen Christen teilte der Pfarrer den einschlägigen NS-Parteistellen und staatlichen Behörden mit. Seine Zusammenarbeit mit der Reichsstelle für Sippenforschung im Innenministerium und mit deren Leiter, dem fanatisch antisemitischen SS-Obersturmführer Kurt Mayer, gestaltete sich überaus eng.[14] Zum fünfjährigen Bestehen der Kirchenbuchstelle Alt-Berlin (1941) verfasste Themel eine Leistungsbilanz und stellte fest, dass in 2612 Fällen eine jüdische Abstammung entdeckt worden sei. Über diese sachliche Feststellung hinaus habe seine kirchliche Forschungsstelle auch einen großen ideellen Dienst geleistet, um dem deutschen Menschen der Gegenwart das Bewusstsein zu vermitteln, dass „er getragen wird von der Blutsgemeinschaft des Volkes und von seiner Sippe, und dass er nur ein Glied in der Kette von den Ahnen zu den Enkeln ist, deren bestes Erbgut er weiterzugeben hat zum Heil des ewigen Deutschland.“[15]

Pfarrer Themel ist Musterfall eines um 1933 zunächst doppelgläubigen nationalsozialistischen Christen, dessen NS-Gläubigkeit im Laufe der Hitlerzeit stetig anwuchs und seine ererbten christlichen Glaubensanteile mehr und mehr verdrängte. Während der Kriegszeit, noch einen siegreichen Ausgang für Hitlers Wehrmacht vor Augen, hatte der amtierende Pfarrer erwogen, aus dem Kirchendienst völlig auszuscheiden und die Position eines staatlichen Sippenamtsleiters zu übernehmen. Das Reichssicherheitshauptamt teilte ihm auf Anfrage mit, er möge vorläufig noch im Kirchendienst verbleiben. Nach Kriegsende 1945 disponierte Themel um. Er setzte nun wieder auf die Kirche und konnte sein geistliches Amt als evangelischer Pfarrer bei anfänglicher disziplinarischer Zurücksetzung bald wieder fortführen. Nach seiner Pensionierung avancierte er zum ehrenamtlichen Archivleiter und Experte für Kirchenbuchwesen im Raum der Kirche Berlin-Brandenburgs.[16]

Der fanatische, dämonisierende Antisemitismus der Epoche kann als Bestandteil einer entstehenden NS-Religiosität gesehen werden. Er besetzte in der neuen Heilsgeschichte den Ort des Unheils, die Position des Bösen schlechthin. Die These vom „Erlösungsantisemitismus“ (Saul Friedländer) erhält hier ihren Sinn und verweist auf dessen inhärente religiöse Gehalte. In Hitlers Weltbild sei der Jude, so Friedländer, in ein „abstraktes Prinzip des Bösen“ verwandelt worden, dem als Widerpart die „arische Rasse“ als Inkarnation des Guten entgegengetreten sei.

> Während der Marxismus den Konflikt zwischen sich wandelnden historischen Kräften betonte, wurde im Nationalsozialismus und insbesondere in der Weltanschauung Hitlers die Geschichte als die Konfrontation eines unveränderlichen Guten mit einem unveränderlichen Bösen betrachtet. Das

> Ergebnis ließ sich nur in religiösen Begriffen vorstellen: Verdammnis oder Erlösung.[17]

Bei dieser modernen, ebenso national-völkisch wie religiös motivierten kollektiven Austreibungsbewegung in einer hoch entwickelten Industriegesellschaft des 20. Jahrhunderts gingen der „neue Glaube" und der „alte Glaube" der christlichen Konfessionen ein Stück weit konform. Sie rivalisierten zwar einerseits im religiösen Wettbewerb um die Seelen der Deutschen, aber gleichzeitig verband sie auch die Frontstellung gegen einen ausgeschlossenen Dritten: jene ganz Anderen, die Juden und das Judentum. Verwiesen sei als schlagendes Beispiel christlich-völkischer Kollaborationen auf die Art und Weise, wie der renommierte Tübinger Hochschultheologe Gerhard Kittel als gläubiger Christ und Experte des antiken Judentums mit seinen Kenntnissen half, den nationalsozialistischen Antisemitismus (nach Kittels Verständnis) christlich zu läutern und religionsgeschichtlich zu untermauern. Der christlich fromme, nach Familienherkunft vom schwäbischen Pietismus geprägte Tübinger Neutestamentler, der zu den einflussreichsten Theologen der NS-Zeit gehörte, sah im Neuen Testament das „antijüdischste Buch der ganzen Welt". An dieser Glaubensüberzeugung hielt er auch nach 1945 fest.[18] Kittel war christlicher Nationalsozialist, wie eine Majorität von Parteimitgliedern. Er war überzeugt, der Nationalsozialismus sei eine gute Sache, nur – so meinte er – mehr christlich müsse er sein. An diesem hybriden Doppelglaube hielt er fest bis Kriegsende. Einer seiner Schüler, der in Jena Neues Testament und „Völkische Theologie" lehrende Theologe Walter Grundmann, gehörte zu den Inspiratoren eines kirchlichen Unternehmens, das im Mai 1939 bei einer Festveranstaltung auf der Wartburg bei Eisenach gegründet wurde: Institut zur Erforschung und Beseitigung des jüdischen Einflusses auf das deutsche kirchliche Leben.[19]

Christen in der „Kristallnacht“

Was geschah während der „Kristallnacht“? Wer agierte, zerstörte, misshandelte? Und wie reagierten die mehrheitlich christlichen Deutschen – jenseits des harten Kerns der unmittelbaren Gewalttäter aus Kreisen der NSDAP, SA sowie SS und jenseits der jüdischen Gewaltopfer – auf die Pogrome? Zu den Gewaltopfern zählten neben den „Glaubensjuden“ auch so genannte „getaufte Juden“, die zutreffender Christen jüdischer Herkunft heißen sollten. Allein unter den Protestanten gehörten mehrere hunderttausend Personen zu ihnen. Etliche von ihnen, darunter auch einige Pfarrer, waren bereits seit Jahren in ihren Kirchengemeinden diskriminiert, marginalisiert und zum Teil vertrieben worden.[1]

Wir kennen annähernd die Zahl der zerstörten jüdischen Gotteshäuser (ca. 1400) und wir kennen annähernd die Zahl der verwüsteten jüdischen Geschäfte (ca. 7000). Noch völlig unbekannt ist hingegen der Umfang der angegriffenen und zumeist verwüsteten Privatwohnungen „nichtarischer“ Bürger, deren Zahl in die Tausende gehen dürfte. Und lediglich sehr vage ist bisher die Zahl jüdischer Todesopfer anlässlich pogromhafter Gewaltexzesse bekannt. Sie ist auf deutlich über eintausend Personen zu veranschlagen. Mehr als 80 Jahre nach den Novemberpogromen von 1938 ist zwar viel Wissen über die Gewaltereignisse in Aberhunderten von deutschen (und österreichischen) Städten und Gemeinden zusammengetragen worden, aber vieles wissen wir noch immer nicht genau genug. Und es fehlt weiterhin eine wissenschaftlich präzise „Topographie des antijüdischen Terrors“ vom November 1938, um verborgene Muster in dem überwiegend nächtlichen Gewaltgeschehen zu entdecken.[2]

Auch die Frage nach dem Verhalten der deutschen Zivilbevölkerung, die weder zu den (meist uniformierten) Tätern noch zu den Opfern gehörte, angesichts der brennenden Synagogen und zertrümmerten Geschäfte wird noch immer unterschiedlich beantwortet. Überwogen bei diesen ‚unbeteiligten Dritten‘ – den Schaulustigen und verstörten Zuschauern, den zufälligen Augenzeugen und vorübereilenden Passanten – Ablehnung, Scham oder Empörung? Waren Wegschauen, Gleichgültigkeit und Indifferenz die vorherrschende Reaktion? Inwieweit gab es seitens der versammelten Volksmengen an den Tatorten und von zufälligen Augenzeugen auch Zeichen der Zustimmung oder explizit beifällige Äußerungen über die antijüdischen Exzesse?[3]

Es sei noch einmal daran erinnert: Das Großdeutsche Reich vom November 1938, nun unter Einschluss Österreichs und des kurz zuvor einverleibten Sudetengebiets, war ein christlich geprägtes Land, in dem etwa 95 Prozent der Einwohner den beiden großen christlichen Konfessionen angehörte. Die evangelischen Landeskirchen und die katholische Kirche waren die einzig verbliebenen großen Institutionen im NS-Staat, die nicht unmittelbar gleichgeschaltet waren. Als große Verbände mit dem Status öffentlich-rechtlicher Körperschaften hätten sie Macht und Möglichkeiten gehabt, die Pogromereignisse öffentlich anzusprechen. Aber die Kirchen schwiegen. Es schwiegen der Papst, Bischöfe und Pröpste, Generalsuperintendenten und Oberkirchenräte, Theologieprofessoren, große und kleine Synoden, Bruderräte und andere Versammlungen und Gremien, fast sämtliche Geistliche beider Konfessionen (zusammen ein stattliches geistliches Heer von etwa 45 000 akademisch ausgebildeten Theologen), und es schwiegen schließlich die Millionen Christen des allgemeinen Kirchenvolks.

„Schweigen“ in unterschiedlichen Ausprägungen war das hervorstechende Merkmal christlichen Verhaltens angesichts der Gewaltereignisse. Für die kirchlichen Institutionen war eine gezielte „Politik des Schweigens“ bestimmend. Man schwieg, weil die Kirchenleitungen befürchteten, ihre eigene Institution würde bei öffentlichem Protest Schaden nehmen. Bei den Individuen konnte das „große Schweigen“ unterschiedlich motiviert sein: Es gab ein betretenes Schweigen, ein Schweigen aus Scham, sprachlos machendes stummes Entsetzen. Häufig gab es Schweigen aus Furcht, denn wer im Jahr 1938 zur NS-Judenpolitik in der Öffentlichkeit missbilligend sprach, riskierte viel. „Judenfreunde“ oder „Judenknechte“ war noch das Geringste, was diejenigen, die es dennoch wagten, dann zu hören bekamen. Nicht zuletzt gab es gewiss auch ein Schweigen bei klammheimlicher Genugtuung oder billigender Akzeptanz der antijüdischen Gewaltexzesse.[4]

Schweigen hinterlässt dem Historiker keine Quellenbelege. Indirekte Hinweise auf das große Schweigen finden sich indessen in Briefen oder Tagebüchern. Am 11. November 1938 hielt der Wuppertaler Bekenntnispfarrer Hermann Klugkist Hesse im Tagebuch fest: „Die Synagoge brennt ganz aus. Die Friedhofskapelle auf dem jüdischen Friedhof brannte ebenfalls gestern abend. Die Leichensteine sollen umgeworfen sein. […] In der Genügsamkeitsstraße haben sie mit den hebräischen Bibeln Fußball gespielt.“ Einen Tag später berichtet er, seine Frau habe in Elberfeld einen Spaziergang zum Weinberg gemacht. Dort, am jüdischen Friedhof, „haben viele, viele Menschen vor den Trümmern gestanden – aber alle – stumm. Stumm.“ Und wieder wenige Tage später schreibt er in einem Brief an seinen Sohn Franz, er sei froh gewesen, dass er am Bußtag (16. November) nicht zu predigen hatte. Viele Rufe aus der Gemeinde hätten ihn zur Vorsicht gemahnt.

> Auf der anderen Seite tut es mir doch leid, dass z. B. in der Predigt, die Pastor Rabius [...] heute morgen hielt, kein Wort von dem gefallen ist, was alle bekümmert. Ich meine, ich hätte in der Predigt mit der Gemeinde mich beugen müssen in bitterer Trauer über diese Dinge, die in unserer Mitte, inmitten der christlichen Gemeinde, inmitten eines Volkes,

> das doch immerhin christlich sein will, geschahen. Schmerz, Leid, Traurigkeit – das hätte die Bußtagspredigt diesmal kennzeichnen müssen, nicht über das Geschehene als solches, sondern dass es geschah unter uns. Hätten wir nicht ganz anders Licht und Salz sein müssen, so dass solches nicht hätte geschehen müssen?[5]

Nur wenige unter den gut 18 000 evangelischen Pfarrern im Deutschen Reich sprachen am Bußtag 1938 (oder während der Tage und Wochen danach) von der Kanzel die Schreckensereignisse an. Nicht einmal 18 Theologen können bisher namentlich genannt werden. Das wären 0,1 Prozent.[6] Zu den wenigen Ausnahmen zählte Helmut Gollwitzer, der als Hilfspfarrer in Berlin-Dahlem den im KZ Sachsenhausen inhaftierten Pfarrer Martin Niemöller vertrat.

Die Berliner Historikerin Elisabeth Schmitz, die am 16. November im Dahlemer Gemeindesaal zu Gollwitzers Predigthörerinnen gehörte, dankte ihm in einem Schreiben für seine mutige Bußtagspredigt und beklagte zugleich das anhaltende kirchliche Schweigen.

> Als wir zum 1. April 1933 schwiegen, als wir schwiegen zu den Stürmerkästen, zu der satanischen Hetze der Presse, zur Vergiftung der Seele des Volkes und der Jugend, zur Zerstörung der Existenzen und der Ehen durch sogenannte ‚Gesetze', zu den Methoden von Buchenwald – da und tausendmal sonst sind wir schuldig geworden am 10. November 1938. Und nun? Es scheint, dass die Kirche auch dieses Mal, wo ja nun wirklich die Steine schreien, es der Einsicht und dem Mut des einzelnen Pfarrers überlässt, ob er etwas sagen will, und was.

Bereits jetzt gingen Gerüchte um, berichtet Schmitz, dass ein Zeichen an der Kleidung von Juden beabsichtigt sei.

Die Berliner Historikerin Dr. Elisabeth Schmitz (1955)

> *Unmöglich* ist nichts in diesem Lande, das wissen wir. [...] Wir haben die Vernichtung des [jüdischen] Eigentums erlebt, zu diesem Zweck hatte man im Sommer die Geschäfte bezeichnet. Geht man dazu über, die Menschen zu bezeichnen – so liegt ein Schluß nah, den ich nicht weiter präzisieren möchte. Und niemand wird behaupten wollen, dass diese Befehle nicht ebenso prompt, ebenso gewissenlos und stur, ebenso böse und sadistisch ausgeführt würden wie die jetzigen. Ich habe schon diesmal von grauenhaften blutigen Exzessen gehört.[7]

Aus Protest weigerte sich die Studienrätin seit dem 9. November 1938, weiterhin in der Schule eines Staates zu unterrichten – so ihre eigenen Worte –, dessen Regierung die Synagogen niederbrennen lasse. Aus Gewissensgründen beantragte sie mit 45 Jahren ihre Pensionierung. Seit 1933 hatte sie als kritische Protestantin unter der notorischen „Politik des Schweigens“ der Kirche gelitten. Als Mitglied der Bekennenden Kirche opponierte sie dagegen durch Gespräche, Briefe, durch ihre anonyme Denkschrift zur Lage der deutschen „Nichtarier“ (1935/36), schließlich seit den Pogromen mit beruflicher Verweigerung. Mit ihrem Antrag auf Frühpensionierung hatte sie Erfolg und wurde im April 1939 offiziell aus dem Schuldienst entlassen. Während der Kriegsjahre engagierte sie sich im Rettungswiderstand zugunsten verfolgter Juden und christlicher „Nichtarier“. Unter den 40 Millionen deutschen Protestanten war die „protestierende Protestantin“ Elisabeth Schmitz eine rühmliche Ausnahme.[8]

In den evangelischen Landeskirchen hatten antisemitische Haltungen mit dem Vordringen der Deutschen Christen seit 1933 erheblich an Raum und Radikalität gewonnen. Diese feindlichen Einstellungen zielten neben den „Glaubensjuden“ auch auf Christen jüdischer Herkunft in der Kirche, mit denen die Gläubigen in der Gemeinde unmittelbar zu tun hatten: „nichtarische“ Pfarrer wurden aus dem Pfarramt getrieben oder rassisch schwer diskriminiert, „nichtarische“ Organisten, Pfarramtsgehilfinnen oder Kindergärtnerinnen verloren ihre Stellungen, den Angehörigen von verstorbenen Christen jüdischer Herkunft wurde die Beisetzung ihrer Toten auf christlichen Friedhöfen untersagt, konversionswillige Juden wurden nicht mehr zur Taufe zugelassen. Viele unter den deutschchristlichen Pfarrern sowie aus dem Kirchenvolk begrüßten ausdrücklich die Nürnberger Rassengesetze von 1935. Der renommierte Tübinger Theologe Gerhard Kittel hatte bereits im Sommer 1933 in seiner einflussreichen Schrift zur „Judenfrage“ aus völkischen Motiven für ein Verbot von christlich-jüdischen Mischehen votiert.[9]

Im März 1937 dankte der Berliner Superintendent Johannes Schleuning in einem Artikel der NSDAP, der er selbst angehörte, für eine in Julius Streichers Hetzblatt *Der Stürmer* erschienene Sondernummer zur „Judenfrage“. Wie der *Stürmer* jetzt nachweise, so führt er aus, hätten die „Nürnberger Gesetze“ ihre Vorläufer in der

Judengesetzgebung durch die christliche Kirche gehabt. Nicht ohne Stolz verwies Schleuning auf Martin Luther und Adolf Stoecker als christliche Vorkämpfer gegen das Judentum: „Wir aber freuen uns von ganzem Herzen und sind dem ‚Stürmer‘ tief innerlich dankbar, dass er vielen, vielen in unserem Volk, die wie mit Blindheit geschlagen an Christus vorübergehen, wieder die Augen öffnet für seine innere Herrlichkeit und ewige Größe.“[10]

Wer nach dem Verhalten von Christen zu den Gewaltexzessen gegen die deutschen Juden im November 1938 fragt, muss um diese verbreiteten antisemitischen Haltungen in den Kirchen der Hitlerzeit wissen. Gewiss gab es viele Christen, die ähnlich besorgt und bekümmert waren wie der zitierte Elberfelder Pfarrer Hermann Klugkist Hesse. Und es gab einige Ausnahmen wie Elisabeth Schmitz, die angesichts des Geschehens derart empört waren, dass sie für sich selbst sofort mit Wort und Tat Konsequenzen zogen. Aber nicht wenige Zeitgenossen aus dem geistigen Umfeld der Deutschen Christen, und sicher bis weit in die kirchliche Mitte des Normalprotestantismus hinein, beließen es im November 1938 nicht bei klammheimlicher Freude oder stillschweigender Genugtuung, sondern äußerten sich zustimmend in explizit antisemitischem Sinn und forcierten ihrerseits noch den Hass. Es stellt sich die Frage, inwieweit sich in die politisch und rassistisch motivierte Pogromgewalt nicht zugleich auch Momente eines religiös motivierten Kampfes von antisemitischen Christen gegen „das Judentum“ schlechthin mischten.

Pfarrer Friedrich Peter beispielsweise, ein Führungsmitglied der Deutschen Christen und von 1933 bis 1935 Bischof der großen preußischen Kirchenprovinz Sachsen mit Sitz in Magdeburg, trat im November 1938 in exponierter Weise hervor. Nachdem er sein Bischofsamt 1935 aus Gründen kirchenpolitischer Radikalität hatte aufgeben müssen, berief ihn Reichskirchenminister Hanns Kerrl zum Pfarrer am Berliner Dom. Offenbar war Pfarrer Peter mit der Familie des in Paris getöteten Gesandtschaftssekretärs Ernst vom

Rath persönlich bekannt. Eine Woche nach den Gewaltereignissen hielt Peter an der Familiengruft auf dem Düsseldorfer Nordfriedhof die Totenrede auf den am 9. November verstorbenen Pariser Diplomaten. Unter Bezugnahme auf Röm 8, Vers 28 „Wir wissen aber, dass denen, die Gott lieben, alle Dinge zum Besten dienen ..." parallelisierte er den Tod des in Paris Verstorbenen mit dem Tod Jesu auf Golgatha: Gott sei es nicht gewesen, der den Hammer auf Golgatha geschwungen habe. Und auch diesen Verstorbenen, der jetzt zu Grabe getragen werde, habe nicht Gott hingestreckt: „Wir wissen, wer es tat." Und daher, so fuhr der Theologe fort, fragen wir „heute an diesem offenen Grabe die Völker der Erde, wir fragen die Christen in aller Welt: Was wollt ihr tun gegen den Geist jenes Volkes, von dem Christus sagt, ‚sein Gott ist ein Mörder von Anfang an gewesen und ist nicht bestanden in der Wahrheit'. Wir Deutschen haben gelernt, dass man sich große Gedanken und ein reines Herz von Gott erbitten soll. Wie steht es aber um Juda, dessen Gott ein Mörder ist von Anfang an?"[11]

Der Thüringer Landesbischof Martin Sasse verschickte unmittelbar nach den Pogromen eine mit Lutherzitaten angefüllte Broschüre mit dem Titel *Martin Luther und die Juden: Weg mit ihnen!* als Argumentationshilfe an die Thüringer Pfarrerschaft. In dieser Stunde, so begründete er seine Schrift, müsse die Stimme jenes Mannes gehört werden, der aus Unkenntnis zunächst als Freund der Juden begonnen habe, der später jedoch durch Erfahrungen zum größten Antisemiten seiner Zeit geworden sei, ein Warner seines Volkes wider die Juden. In einer Kanzelerklärung der Thüringer Kirchenleitung zum Bußtag am 16. November rief die Kirche zum „Kampf gegen den volkszersetzenden Geist des Judentums" auf. Es sei Aufgabe der Kirche, im Kampf gegen die „jüdisch-bolschewistische Gottlosigkeit" treu an der Seite des „Führers" zu stehen.[12]

Etwa zwei Wochen nach den Pogromen erschien im Kirchlichen Amtsblatt für Mecklenburg ein „Mahnwort zur Judenfrage". Unterzeichnet war diese Erklärung von dem gläubigen Nationalsozialisten und Landesbischof Walther Schultz. Kein christlicher Deutscher, so heißt es dort, könne die Maßnahmen gegen die Juden im Deutschen Reich „bejammern“. Unser christliches Mitgefühl habe nicht den Juden zu gelten, sondern den vom Judentum betrogenen und ausgebeuteten Völkern Europas. Der Kampf gegen das Judentum sei eine Lebensfrage für die deutsche Seele. Das „jüdische Gift der Zersetzung“ müsse restlos aus dem deutschen Volk ausgeschieden werden. Bischof Schultz repräsentierte nur wenige Monate später im „Geistlichen Vertrauensrat“, der bei Kriegsbeginn im September 1939 gebildet wurde, neben Landesbischof August Marahrens (Hannover) und Johannes Hymmen von der preußischen Kirchenleitung die evangelischen Kirchen des Deutschen Reiches.[13]

Als ein weiterer Beleg für protestantische Zustimmung sei der Göttinger Kirchenhistoriker und seit 1936 Professor für Systematische Theologie Emanuel Hirsch angeführt. Hirsch entstammte einem lutherischen Pfarrhaus der preußischen Provinz Brandenburg und war Meisterschüler des in Berlin lehrenden und 1926 verstorbenen Kirchenhistorikers Karl Holl, dem einflussreichen Mitbegründer der sogenannten Lutherrenaissance. Bereits seit längerem stand Hirsch in intensivem Briefaustausch mit dem antisemitischen Publizisten Wilhelm Stapel. Ende November 1938 äußerte er sich gegenüber Stapel zu den Gewaltereignissen: Er sei „leidenschaftlich“ dafür, die Juden durch jede für den Zweck erforderliche Brutalität zur Auswanderung zu zwingen. Wenn es nun noch nicht genug gewesen sei, meinte er mit Blick auf den 9. November, so müsse noch mehr kommen. Er glaube nicht, dass die „Vorgänge“ [gemeint sind die Pogrome] eine Torheit waren, sondern klarer und zweckdienlicher politischer Wille.[14]

Es gab also durchaus öffentlichen wie privaten Beifall zu den Pogromereignissen bei den Protestanten – und wie sah es bei den Katholiken aus? Auch in rein katholischen Regionen Süd- und Westdeutschlands und im soeben ‚angeschlossenen‘ katholischen Österreich sowie im Sudetengebiet geschahen die Gewaltaktionen

Der Göttinger Kirchenhistoriker und Systematische Theologe Emanuel Hirsch

vor aller Augen.[15] Von Papst Pius XI. aus Rom und von den deutschen katholischen Bischöfen kam keine öffentliche Verlautbarung zu den Pogromen. Offizielles Schweigen der Institutionen war auch hier vorherrschend. Was indessen bei Katholiken fehlte, war jene explizite, teils öffentliche Zustimmung, wie sie für namhafte Protestanten belegt werden kann. Es fehlte eine antisemitische Massenbewegung wie die Deutschen Christen. Katholische Geistliche hielten sich von der NSDAP, im Unterschied zu den evangelischen Pfarrern, spürbar zurück. Vor diesem Hintergrund war das katholische Verhalten im November 1938 vergleichsweise distanzierter. Man hielt sich an die päpstliche Devise eines kirchlichen Schweigens.

Mutige Einzelne wie der katholische Dompropst Bernhard Lichtenberg in Berlin wollten indessen nicht schweigen. Seit den Pogromereignissen hatte er täglich in der St. Hedwigs-Kathedrale für verfolgte Juden gebetet. Eine Augenzeugin berichtet über ihren Besuch in der Kirche am Abend des 10. November 1938: Mit großer

Ruhe habe Lichtenberg im Gebet gesprochen: „Ich bete für die Priester in den Konzentrationslagern, für die Juden, für die Nichtarier. [...] Was gestern war, wissen wir. Was morgen ist, wissen wir nicht, aber was heute geschehen ist, haben wir erlebt. Draußen brennt die Synagoge. Das ist auch ein Gotteshaus.“ Im Oktober 1941 wegen solcher oder ähnlicher Worte denunziert, erhielt er wegen angeblichen Kanzelmissbrauchs zwei Jahre Haft. Nach seiner Entlassung wurde Lichtenberg von der Gestapo erneut verhaftet und verstarb nach Misshandlungen und Krankheit am 5. November 1943 auf dem Transport in das KZ Dachau.[16]

Tue deinen Mund auf für die Stummen – die Beispiele belegen, dass ein Befolgen dieses biblischen Aufrufs (Sprüche Salomos 31,8) im Schatten der Kristallnachtereignisse riskant war und für protestierende Zeitgenossen gefährlich sein konnte. Hilfspfarrer Helmut Gollwitzer tat seinen Mund auf für die Stummen. Im überfüllten Dahlemer Gemeindesaal sprach er am 16. November über die Bußrede Johannes des Täufers. Er beklagte die Unbußfertigkeit der Zeit und erkannte darin das eigentliche Geheimnis des gegenwärtigen Elends. In selbstkritischer Rede bezog der Prediger auch die Bekennende Kirche in das große Versagen ein. Mitverhaftet in das große Versagen seien doch wir alle, klagte er, dass wir schamrot werden müssten:

> Es steckt ja in uns allen; dass man erleben kann, wie biedere Menschen sich auf einmal in grausame Bestien verwandeln, ist ein Hinweis auf das, was mehr oder weniger verborgen in uns allen steckt. Wir sind auch alle daran beteiligt, der eine durch die Feigheit, der andere durch die Bequemlichkeit, die allem aus dem Wege geht, durch das Vorübergehen, das Schweigen, das Augenzumachen, durch die Trägheit des Herzens, die auf die Not erst dann aufmerksam wird, wenn sie offen zu sehen ist, durch die verfluchte Vorsicht, die sich durch jeden schiefen Blick und jeden drohenden

Pfarrer Helmut Gollwitzer (Berlin-Dahlem) im Mai 1939

> Nachteil von jedem guten Werk abbringen lässt, durch die törichte Hoffnung, es werde sich schließlich doch alles noch von selbst zum Guten entwickeln, ohne dass man sich dafür mutig einsetzt. In alledem werden wir als mitschuldig offenbar, als Menschen, die ihr eigenes Leben und sich selbst lieb haben und die für Gott und den Menschen gerade noch so viel Liebe übrig haben, als man ohne Mühe und Belästigung abgeben kann.

Das war eine zutreffende, kritische Beschreibung der Verhaltensmotive sehr vieler Zeitgenossen angesichts der Pogrome. Gollwitzer forderte seine Gemeinde auf, am Leiden der Nächsten teilzunehmen und Gemeinschaft, Besitz, Ehre, Schutz und Freundschaft mit ihnen zu teilen. Und mit dieser dringlichen Bitte entließ der Prediger seine Hörerinnen und Hörer: „Nun wartet draußen unser Nächster, notleidend, schutzlos, ehrlos, hungernd, gejagt und getrieben von der Angst um die nackte Existenz, er wartet darauf, ob heute die christliche Gemeinde wirklich einen Bußtag begangen hat. Jesus Christus wartet darauf! Amen.“[17]

Unter den Predigthörern befand sich auch Harry Richard Loewenberg, ein Christ jüdischer Herkunft, der sich zur Dahlemer Bekenntnisgemeinde um Gollwitzer zählte. Nach einem nächtlichen Überfall auf sein Häuschen „Am Pilzwald“ in Kleinmachnow (an der südwestlichen Stadtgrenze Berlins) war er untergetaucht. Ein Jahr später, in englischer Emigration, erinnerte er sich an die Schreckenstage:

> An jenem Bußtagmorgen ging ich nach dem Frühstück nach Dahlem. In dem überfüllten Gemeindesaal hielt Pastor Gollwitzer Gottesdienst. Eine schwere, gedrückte Stimmung lastete auf der Gemeinde. Diese Tage ausbrechender Bestialität hatten – für viele zum ersten Mal in dieser Deutlichkeit – das wahre Gesicht des Nazitums enthüllt. […] Ich habe später diese Predigt, die zu den besten gehört, die ich je vernommen habe, oftmals gelesen, und ich empfand es als ein großes Erlebnis, dass dieser Mann unerschütterlich die Worte sprach, die der Gemeinde an diesem Tag gesagt werden mussten, – oftmals mit allzu deutlicher Bezugnahme auf die Judenverfolgungen – wenn auch das Wort ‚Jude‘ […] an diesem Tage in den Predigten nicht genannt wurde. Aber es tat mir unendlich wohl zu wissen, dass es doch noch Menschen gab, denen ich mich zugehörig rechnen durfte, selbst in dieser Zeit, da ich zu denen gehörte, die mit allen Mitteln grausamster Brutalität aus diesem Volke ausgespien wurden. Ich wunderte mich, dass ich – der von der Polizei Verfolgte – hier frei umhergehen und unerkannt der Verhaftung entgehen konnte. In allen diesen Wochen fühlte ich mich wie ein von den Sicherheitsbehörden verfolgter u. gesuchter Verbrecher mit dem einzigen Unterschied, dass ich ein reines Gewissen

> hatte u. wusste, dass man in diesem, von Verbrechern mit verbrecherischen Mitteln regierten Lande mit umgekehrten Maßstäben messen musste […][18]

Es waren nicht allein „Glaubensjuden“, also Angehörige der jüdischen Gemeinden, sondern auch Christen jüdischer Herkunft, evangelische wie katholische „Nichtarier“, die zu den Opfern der Pogromgewalt zählten. Loewenberg erhielt Unterstützung beim Untertauchen durch Freundeskreise aus dem Umkreis der Bekennenden Kirche.[19]

Tue deinen Mund auf für die Stummen – nur wenige evangelische und katholische Geistliche sind bisher bekannt, die das taten. Gollwitzer war einer von ihnen. In der pfälzischen Kleinstadt Mutterstadt bekam Pfarrer Johannes Bähr am 11. November im Religionsunterricht von seinen Schülern zu hören: Es sei doch ganz recht, dass man die Synagogen angezündet habe. Etliche der Schüler hatten beim Brand der örtlichen Synagoge zugeschaut. Der Religionslehrer widersprach den Schülern und erklärte, das Geschehen sei Unrecht gewesen. Noch am gleichen Tag wurde er in Schutzhaft genommen. Auf Intervention von Landesbischof Ludwig Diehl kam der Pfarrer nach zwei Tagen frei. Ein gegen ihn eingeleitetes Strafverfahren wegen „Heimtücke“ wurde später eingestellt.[20]

Gravierend waren die Gewaltangriffe auf den württembergischen Pfarrer Julius von Jan, der in seiner Bußtagspredigt in Oberlenningen (16. November) die Kristallnachtexzesse mit deutlichen Worten anprangerte. Kurz darauf wurde er von einer motorisierten SA-Gruppe überfallen und körperlich schwer misshandelt. Ein Jahr später, am 15. November 1939, verurteilte ihn das Sondergericht in Stuttgart unter Berufung auf das Heimtückegesetz und den Kanzelparagraphen zu einem Jahr und vier Monaten Gefängnis. Nach vorzeitiger Haftentlassung musste der Pfarrer Württemberg verlassen und fand mit seiner Familie vorübergehend in der bayerischen Gemeinde Ortenburg bei Passau Aufnahme.[21]

*

Was war die Kristallnacht? Gewiss, ein beschämendes historisches Großereignis, das viele Facetten trug. Dominant war die Entfesselung von nächtlicher Pogromgewalt, von oben angeordnet via Telefonschaltungen von München aus, wo die Parteiführung am Abend des 9. November versammelt war. Die Gewalthandlungen vor Ort zeigen indessen, dass die Anordnungen sehr unterschiedliche Ereignisverläufe in den Aberhunderten von Großstädten, Kleinstädten und Dorfgemeinden zur Folge haben konnten. Die Resonanz, die Aufnahme und Umsetzung der Handlungsanweisung, die individuelle Ausprägung des Geschehens vor Ort wäre für weitergehende Forschung das eigentlich Aufschlussreiche. Wer verweigerte sich den Parteianordnungen zur Gewaltaktion? Wie reagierten die „gewöhnlichen Deutschen" vor Ort? Wie verhielten sich die Anwohner, die Nachbarn, wenn jüdische Häuser oder Wohnungen gestürmt und verwüstet wurden? Schweigen, billigen, gutheißen, mitmachen – aber auch ablehnen, verurteilen, protestieren: Alles dies kam in unterschiedlich starken Ausprägungen vor. In welchen Proportionen diese unterschiedlichen Haltungen auftraten und wie sie sich regional verteilten, das muss aufgrund fehlender Detailforschung weiterhin eine offene Frage bleiben. Das große Buch über diese dunkelste deutsche Stunde im 20. Jahrhundert ist noch nicht geschrieben.

Der Pogrom war Auftakt zu einem einseitigen, ungleichen Vernichtungskrieg, den die NS-Machthaber gegen die jüdische Minderheit führten. Nach dem Selbstverständnis der NS-Ideologen und ihres „neuen Glaubens" geschah dieser antijüdische Gewaltexzess als eine brutale Austreibungsaktion, eine intendierte völkische Reinigung von dem imaginierten „Bösen" schlechthin. Wie sich indessen zeigen lässt, gab es auch in Teilen der christlichen Kirchen, mithin im Geltungsbereich des „alten Glaubens", mancherlei Sympathien, Verständnis oder Billigung für die Aktionen. Die angeführten Beispiele aus dem Umkreis der evangelischen Deutschen Christen belegen das. Und noch immer fehlt es an Täteranalysen: Wie stand es um die Konfession, um die Kirchenzugehörigkeit der nationalsozialistischen Täter? Nach ihrer Mehrzahl, das legt die konfessionelle Zugehörigkeit der NSDAP-Parteimitgliedschaft nahe, dürften sie Angehörige der beiden großen christlichen Konfessionen gewesen sein.

Wenn das jetzt noch nicht genug war – so die privat geäußerte Meinung des renommierten Göttinger Hochschullehrers der Theologie Emanuel Hirsch –, *dann müsse eben noch mehr kommen.* Er, der Pfarrerssohn und hoch gebildete Musterschüler der sogenannten Lutherrenaissance, konnte in der „Judenaktion“ vom November 1938 zweckdienlichen politischen Willen erkennen. Der neue völkische Gottglaube und der alte christliche Glaube der Kirchen, die als religiöse Akteure in einem rivalisierenden Dauerkonflikt standen, befanden sich im Moment der akuten „Kristallnacht“-Ereignisse in einer befristeten, partiellen und zugleich prekären Übereinstimmung. In der Wahrnehmung nicht weniger Zeitgenossen stellte das Gewaltgeschehen folglich auch ein momentanes Zusammengehen von Kontrahenten in der ansonsten religiös arg zerrissenen „Volksgemeinschaft“ her.

Parteibefehl und rassistischer Antisemitismus waren gewiss die Haupttreiber des nächtlichen Geschehens. Aber christlicher Antijudaismus und Antisemitismus konnten die Ereignisse bis zu einem gewissen Grad durchaus begleiten und goutieren, wenn auch rohe Gewalt und Zerstörung zumeist verurteilt wurden.

IV.
Krieg, Christen und Holocaust

Die protestantischen Deutschen und der Krieg

Im August 1939 lag Kriegsstimmung in der Luft. Wer wollte, konnte das sehr wohl wahrnehmen. Jedes Gespräch bei den Spaziergängen, so hielt Schriftsteller Jochen Klepper am 10. August im Tagebuch fest, müsse derzeit in das Thema Krieg münden. Der glückliche neue Hausbesitzer im vornehmen Berliner Villenviertel Nikolassee berichtete bereits Ende Juli von mehrtägigen Luftschutzübungen. Die allen Anwohnern angekündigte Lieferung von „Volksgasmasken“ und „Gasschutztüren“ sei indessen noch nicht gekommen. Eine neue „Volkskartei“ für die Verwendung aller nicht wehrpflichtigen Personen, auch der Frauen, werde vorbereitet, wusste Klepper, und auch eine Sonderkartei für Juden. Am 26. August notierte er: „Dieser Morgen hob sich nun deutlich ab: nicht durch das Anwachsen der Propaganda so sehr, wie die kleinen greifbaren Zeichen: keine Milch, der Milchmann eingezogen; Abschiede von einberufenen Reservisten; die Omnibuslinie nach dem Wannsee eingestellt, da Fahrer und Wagen in zu großer Anzahl einberufen sind.“ Am Tag des Kriegsbeginns, dem 1. September 1939, hielt Klepper im Tagebuch fest: Die *Deutsche Allgemeine Zeitung* habe in einem Stimmungsbericht „lauter schöne Gründe“ dafür angeführt, dass die Berliner so ernst und still blieben und es nicht zu patriotischen Kundgebungen in der Hauptstadt gekommen sei. Wenige Tage später, am ersten Kriegssonntag, machte Klepper seinen gewohnten Kirchgang in Nikolassee: Sehr voll sei die Kirche gewesen und die versammelte Gemeinde sehr ernst gestimmt.[1]

Man wird die sensiblen Wahrnehmungen des Schriftstellers wohl ein Stück weit verallgemeinern dürfen: Die Deutschen unterlagen im Spätsommer 1939 nicht ähnlich euphorischen Kriegsstimmungen wie vor 25 Jahren, zu Beginn des Ersten Weltkriegs im August 1914. Es gab sie tatsächlich nicht, die jubelnden Volksmengen in den großen Städten, die bellizistischen Massenversammlungen und Demonstrationen auf den Straßen wie 1914. Auch gab es keinen von den Regierenden angeordneten allgemeinen „Kriegsbettag" in den Kirchen wie am 5. August 1914, als die Gläubigen in ungewohnt großer Zahl die Kirchen füllten. Das heroische Augusterlebnis der Deutschen von 1914 hatte seine gefühlte Wiederkehr bereits im *Erlebnis 1933* gefunden, als viele ältere Zeitgenossen sich an die wunderbare ‚volksgemeinschaftliche' Aufbruchsstimmung von 1914 erinnert sahen.[2]

Gleichwohl ist für deutsche Befindlichkeiten zu Kriegsbeginn 1939 zu differenzieren. Es gab nicht nur Sorge und ernste Stimmung. Bei den Protestanten bildete sich ein „Geistlicher Vertrauensrat" aus Deutschen Christen (Mecklenburgs Landesbischof Walther Schultz), kirchlicher Mitte (Oberkonsistorialrat Johannes Hymmen von der preußischen Kirchenleitung) und Konfessionslutheranern (Bischof August Marahrens von der hannoverschen Landeskirche), um für die durch jahrelangen Kirchenkampf arg zerrissenen Evangelischen mit einer Stimme zu sprechen und geistliche Unterstützung für Hitlers Krieg anzubieten. Ihr „Aufruf" vom 2. September gab den neuen kirchlichen Ton vor:[3]

> Seit dem gestrigen Tage steht unser deutsches Volk im Kampf für das Land seiner Väter, damit deutsches Blut zu deutschem Blute heimkehren darf. Die deutsche evangelische Kirche stand immer in treuer Verbundenheit zum Schicksal des deutschen Volkes. Zu den Waffen aus Stahl hat sie unüberwindliche Kräfte aus dem Worte Gottes gereicht: die Zuversicht des Glaubens, dass unser Volk und jeder einzelne

> in Gottes Hand steht, und die Kraft des Gebetes, die uns in guten und bösen Tagen stark macht. So vereinigen wir uns auch in dieser Stunde mit unserem Volk in der Fürbitte für Führer und Reich, für die gesamte Wehrmacht und alle, die in der Heimat ihren Dienst für das Vaterland tun. Gott helfe uns, dass wir treu erfunden werden, und schenke uns einen Frieden der Gerechtigkeit!

Wenige Wochen später, zum Erntedankfest 1939, meinte der kirchliche Vertrauensrat, nicht allein dem Himmel für reiche Ernte in Feld und Flur danken zu sollen, sondern zugleich auch für reiche Ernte auf den Schlachtfeldern des soeben begonnenen Krieges:[4]

> Aber der Gott, der die Geschicke der Völker lenkt, hat unser deutsches Volk in diesem Jahr noch mit einer anderen, nicht weniger reichen Ernte gesegnet. Der Kampf auf den polnischen Schlachtfeldern ist, wie unsere Heeresberichte in diesen Tagen mit Stolz feststellen konnten, beendet; unsere deutschen Brüder und Schwestern in Polen sind von allen Schrecken Leibes und Bedrängnissen Leibes und der Seele erlöst, die sie lange Jahre und besonders in den letzten Monaten ertragen mussten. Wie können wir Gott dafür genugsam danken!

Dieser Vertrauensrat formulierte die allgemein vorherrschende öffentliche Sprache der evangelischen Kirchen zur Kriegszeit. Seine „Kundgebungen" zu siegreichen Feldzügen, zu „Führergeburtstagen" oder anderen Anlässen nationalsozialistischer Politik wurden im *Gesetzblatt der Deutschen Evangelischen Kirche* abgedruckt. Sie bildeten sprachliche Norm und meinungsbildenden Standard des Normalprotestantismus zu Kriegszeiten. Nach diesen Mustern wurde ein Großteil der Kriegspredigten von 1939 bis 1945 gestaltet. Dies war die Stimme der protestantischen Majorität. Lediglich radikale Deutsche Christen der Thüringer Richtung distanzierten sich davon, weil ihnen die geistliche Kriegsunterstützung dieses Gremiums als zu gemäßigt erschien. Und auf der anderen Seite distanzierten sich Teile der entschiedenen Kirchenopposition („Dahlemiten") davon, die den frommen Ergebenheitston für Hitlers Eroberungskriege nicht mittragen wollten.[5]

Die auf „Entkonfessionalisierung" gerichtete Religionspolitik des Regimes wandelte sich mit Kriegsbeginn, zumindest rein äußerlich. Konflikte mit den beiden großen Konfessionen um Glaube, Weltanschauung, Christentum sollten unter den Ausnahmebedingungen einer Nation im Krieg stillgestellt werden. Staat und Partei lancierten jetzt zunehmend Parolen eines „religiösen Burgfriedens". Gleichwohl hatten Katholiken und Protestanten weiterhin mit vielerlei Einschränkungen, Einschüchterungen und gewaltsamen Übergriffen zu rechnen. Die langfristigen religionspolitischen Zielsetzungen des Regimes, mit der Allgemeingeltung der NS-Weltanschauung auch einen neuen deutschen Gottglauben zu etablieren, waren nicht aufgehoben, sondern wurden unter Parolen wie „Endlösung der religiösen Frage" lediglich auf die Zeit nach einem imaginierten siegreichen Krieg verschoben.[6]

Als Nationalsozialisten unterstützten die Deutschen Christen den deutschen Eroberungs- und Vernichtungskrieg theologisch, moralisch und politisch nach Kräften. Zahllose Predigten, Artikel, Vorträge und andere Statements aus der Kriegszeit belegen dies für alle Teile des Deutschen Reichs. Der Ausbruch des Krieges, so konstatierte zu Jahresbeginn 1940 der Berliner Pfarrer Max Mehlfeld, habe den Zusammenschluss der zersplitterten kirchlichen Kräfte von den radikalen Thüringer Deutschen Christen bis zur Bekennenden Kirche gefördert. Zudem habe der Geistliche Vertrauensrat viel zur „Entgiftung" der Atmosphäre beigetragen. Auch sei nun die Grundfrage der „Entjudung" der deutschen Volkskirche schärfer gestellt als je zuvor. „In Verantwortung vor unserer geschichtlichen Sendung wollen wir auch 1940 treulich daran arbeiten, dass unsere evangelische Reichskirche ein Segensfaktor im deutschen Lande und seelische Heimat für deutsche Menschen werde."[7]

Herbert Kitscha, ein junger deutschchristlicher Pfarrer an der traditionsreichen Parochialkirche im Berliner Stadtzentrum, verkündete im November 1939 seinen Leserinnen und Lesern im Gemeindeblatt „Parochialglocken": Indem der Christ als gehorsamer Diener die Waffe ergreife, „weiß er sein Gewissen geborgen in Gott, wird er ob der Erfüllung solcher herrlichen Gottesbefehle und -gebote freudig im Kämpfen und Sterben."[8] Im Frühjahr 1941 – Hitlers Wehrmacht hatte inzwischen Polen, Frankreich, Belgien, die Niederlande, Dänemark, Norwegen, Serbien und Griechenland okkupiert – schrieb der unüberhörbar kriegsbegeisterte Pfarrer an der Parochialkirche anlässlich des „Führergeburtstags": „Der Weg Adolf Hitlers zum Führer des deutschen Volkes ist so einzigartig, dass es den Generationen, die nach uns kommen und in den Büchern der Geschichte blätternd sein Leben und sein Werk überschauen, als ein kaum fassbares Wunder erscheinen wird. [...] Unsere Herzen schlagen dem Führer des Großdeutschen Reiches an diesem Tage in besonderer Liebe und Verehrung entgegen [...] Wir geloben ihm unwandelbare Treue und unverbrüchlichen Gehorsam."[9] Dieser von Hitler und dessen Eroberungen begeisterte Pfarrer kam ab 1941/42 als Kriegspfarrer zum Einsatz. Nach dem Krieg konnte er seine Pfarrtätigkeit an der Parochialkirchengemeinde, nunmehr im Osten der geteilten Hauptstadt, offenbar ohne Schwierigkeiten fortsetzen.[10]

Es waren unter deutschen Protestanten beileibe nicht allein die Anhänger der Deutschen Christen, die sich kriegsfreudig oder kriegsbegeistert zu Wort meldeten. Hermann Priebe, Pfarrer an der Kirchengemeinde im vornehmen Villenviertel Berlin-Grunewald, ein 1871 geborener Pfarrerssohn aus Pommern, war um 1933 kein jugendlicher Heißsporn mehr, der sich den Deutschen Christen anschloss. Er verhielt sich, bei deutlichen Sympathien für das „Dritte Reich", neutral zwischen den Kirchenkampfparteien. Die großen

Eroberungen seit Kriegsbeginn im Osten indessen erweckten in ihm ganz besondere Hochgefühle. Bereits zu Silvester 1939 konstatierte er im Gemeindeblatt: „Der Feind im Osten ist vernichtet." In einer Dankespredigt aus Anlass des Hitlergeburtstags im April 1941 war von der Kanzel zu hören:[11]

> Dieser Mann war der von Gott gesandte Retter des Volkes. Sein Tun war von einem unerhörten Gelingen begleitet. Das Unmöglichste wurde Wirklichkeit: Die Zerbrechung des Schandvertrages von Versailles, die Wiederauferstehung unseres Volkes zu Ehre und Macht, der Zusammenschluß aller Deutschen zu einem nie dagewesenen Großdeutschen Reich, das Ansehen und die Geltung Deutschlands als der ordnenden Vormacht Europas und nun – in diesem uns aufgezwungenen Krieg – ein politisches und militärisches Gelingen und Siegen, wie es in unserer ruhmreichen Geschichte beispiellos ist! Und was wird noch werden! Die Erfolge kommen oft so rasch und kraftvoll, als träumten wir sie!

Gegen Jahresende 1941 dankte Pfarrer Priebe etwas vorschnell: Gott habe nun „dem Führer" und der Wehrmacht die Macht gegeben, „den Bolschewismus zu zerschmettern" – Kanzelreden in der Kirchengemeinde Berlin-Grunewald während der Kriegsjahre 1940 und 1941.

Oskar Söhngen, seit 1936 Mitglied der preußischen Kirchenleitung, richtete zu Kriegszeiten als theologischer Leiter beim Konsistorium der Mark Brandenburg wiederholt Rundschreiben an die „lieben Amtsbrüder unter den Waffen". So heißt es darin am 20. Mai 1941:[12]

> Zum ersten Male wieder seit dem Weltkrieg betraten deutsche Soldaten den heißen Boden Afrikas, und wo sie auf den Feind trafen, da erstrahlte der Nimbus ihrer Unbesiegbarkeit

> aufs neue. Manchem von Euch brachten die letzten Monate, allerdings unter anderen Umständen, als man es je ahnen konnte, die Erfüllung ihres einstigen Wunschtraumes, das klassische Land der Griechen nicht nur mit der Seele, sondern auch mit den Sinnen schauen zu dürfen. Und wieder andere von Euch haben, wie im Westen, so auch in Serbien das Werk vollenden dürfen, dessen Krönung der Generation von 1914 versagt geblieben war. ‚Dem deutschen Soldaten ist nichts unmöglich', konnte der Führer in seinem großen Siegesbericht vor dem Deutschen Reichstag feststellen. Er hat sich damit zum Dolmetsch der Gefühle der tiefen Dankbarkeit gemacht, die das ganze deutsche Volk beseelt. Ja, lasst es uns aussprechen, dass wir stolz auf Euch sind!

In einem weiteren Rundschreiben zu „Weihnachten 1941" machte sich Oberkonsistorialrat Söhngen – er hatte neben Theologie auch Musikwissenschaft und Philosophie studiert und galt seit Mitte der 1930er Jahre als kirchenmusikalischer Experte – Gedanken über die „Generalabrechnung mit dem Bolschewismus". In dem seit Juni 1941 erfolgten deutschen Angriff auf die Sowjetunion sah er „ein einziges hohes Lied deutschen Soldatentums". Nach Ansicht des kirchenleitenden Theologen sei es Gott selbst, der heute Geschichte schreibe:[13]

> „Wenn unser ganzes Volk heute das Gericht über den Bolschewismus als eine der gewichtigsten Entscheidungen in dem Kampf empfindet, den Goethe einmal als das eigentliche Thema der Weltgeschichte bezeichnet hat, nämlich den Kampf zwischen Glauben und Unglauben, und wenn der Krieg gegen den Bolschewismus darum von Anfang an im besten Sinne volkstümlich war, so werden wir daraus nicht nur mit einiger Zuversicht auf die verborgene christliche Substanz unseres deutschen Volkes rückschließen, sondern

gleichzeitig anerkennen wollen, dass sich diese Beurteilung aus tiefsten Wahrheitsgründen speist."

Oskar Söhngen galt unter zeitgenössischen Protestanten als ein schöngeistiger, die Künste und besonders die Musik liebender Theologe. Kirchenpolitisch war er ein ‚Mann der Mitte' im Kirchenkampf, dies allerdings mit erheblichen NS-Sympathien. In der Nachkriegszeit, als Geistlicher Vizepräsident in der Kirchenkanzlei der Evangelischen Kirche der Altpreußischen Union (1951–1969), rechnete er selbst sich in selektiver Erinnerung dem politischen Widerstand zu.[14]

Deutsche Christen, kirchliche Mitte und Bekennende Kirche – in allen kirchenpolitischen Lagern finden sich kriegsbegeisterte Stimmen. In der führenden überregionalen Zeitschrift der Bekennenden Kirche *Junge Kirche* fallen die Artikel ihres langjährigen Hauptredakteurs Fritz Söhlmann besonders auf. Schon frühzeitig – mehr als ein Jahr vor dem Einmarsch in die Sowjetunion – widmete er Hitler einen Artikel über die evangelische Kirche und die Siedlungsaufgaben im deutschen Osten, „als Dank an den Führer zu seinem 51. Geburtstag". Das deutsche Volk, so meinte er, ersticke durch das „System von Versailles" in Raumnot, während andere, viel kleinere und teils „unfruchtbare Völker" über ungeheure Kolonialgebiete verfügten. Hitlers Krieg erlebte er als Befreiungstat zugunsten der evangelischen Diaspora im katholischen Polen. Als visionärer Siedlungstheoretiker geriet Söhlmann über die gewaltigen Horizonte der durch den Krieg angebrochenen „Aufbauarbeit" ins Schwärmen. Anders als zur Zeit des spätmittelalterlichen Deutschen Ritterordens liege die neue „Kulturmission" im Osten heute beim nationalsozialistischen Staat, nicht bei den Kirchen. Der riesige Ostraum habe dabei den Deutschen nicht als Kolonisationsgebiet, sondern als „völkischer Lebensraum" zu gelten. Die Siedlung solle den „Charakter der Landnahme" tragen. Auch auf die Kirchen des Altreichs kämen bei dieser historischen Mission große Aufgaben zu.[15]

Rundbriefe an evangelische Theologen im Kriegseinsatz und deren Antworten von den Kriegsfronten zeigen ein ähnlich differenziertes Bild. Besonders kämpferisch sprach der Thüringer Landesbischof Martin Sasse seine „Kameraden" an. Im April 1940, unter dem Eindruck der deutschen Besetzung Dänemarks und Norwegens, heißt es bei ihm:

> Unser gewaltiges deutsches Ringen gegen eine Welt krassester materialistischer Minderwertigkeit und Eigensucht ist durch die jüngsten Ereignisse im Norden, die nur durch den heldenmütigen, restlosesten Einsatz der dazu ausersehenen Führer und Truppen möglich wurden, in eine neue, das ganze Deutsche Volk mitreißende Phase getreten. Die überragenden Leistungen unserer Wehrmacht, die teils bewundernd, teils widerwillig von der ganzen Welt anerkannt werden, beweisen immer von neuem, wozu der unerschütterliche Glaube an die höchsten Menschheitsideale uns befähigt. Wir sind dankbar und stolz, zu diesem Deutschen Volk zu gehören und verstehen immer mehr das Wort unseres Führers: „Es ist herrlich in einer Zeit zu leben, die ihren Menschen große Aufgaben stellt".[16]

In entsprechendem Geist waren viele Antwortbriefe Thüringer Theologen aus ihren militärischen Einsatzgebieten gehalten, besonders dann, wenn sie „aus dem Osten" stammten. „Heil Ihnen! Heil dem Führer!" oder „Heil uns! Heil dem Führer!" – so oder ähnlich grüßten Thüringer evangelische Pfarrer ihren Landesbischof von den Kriegsschauplätzen. Eine Untersuchung von 1785 Thüringer evangelischen Kriegsbriefen hat ermittelt, dass zwei Drittel der Briefe mit solchen oder verwandten, einschlägig nationalsozialistischen Grußformeln schlossen.

Wir begegnen in einem Gesamtsample von über siebentausend Feldpostbriefen sowohl einer begeisterten Kriegsteilnahme, besonders bei Theologen mit deutschchristlicher Prägung; überwiegend war eine Haltung normalprotestantischer Obrigkeitstreue und Gehorsamkeit; schließlich zeigt sich bei jungen Bekenntnistheologen des Rheinlands auch ein kritisches Potenzial von Zweifeln und innerer Ablehnung. Durch alle kirchenpolitischen Lager hindurch zog sich indessen eine allgemeinchristliche Grundhaltung der Billigung des Vormarsches: sowohl nach dem Westen (Frankreich) als Kompensation für das als schwere nationale Kränkung empfundene Syndrom „Versailles" (1919), und insbesondere nach dem Osten als legitime Vernichtung des „gottlosen" Bolschewismus. Diese Haltung schloss in vielen Fällen die Billigung sogenannter „Partisanen- und Judenerschießungen" als ein historisch überfälliges Gottesgericht an den Ungläubigen und Andersgläubigen, an Kommunisten und Juden, ein.[17]

Viele Beispiele belegen, dass die protestantische Kriegsbegeisterung mit Hitlers anfänglichen Blitzkriegen und Blitzsiegen kräftig anschwoll. Die „Befreiung" der evangelischen Glaubensbrüder im katholischen Polen, die Besetzung Frankreichs und die damit verbundene symbolträchtige Auslöschung der „Schmach von Versailles", der im Sommer 1941 einsetzende Vernichtungskrieg gegen den „gottlosen russischen Bolschewismus" – alle diese und weitere Aggressionen ließen das gewöhnliche nationalprotestantische Herz höher schlagen. In den Tagebucheintragungen des kirchenpolitisch neutralen Berliner Pfarrers Martin Perwitz erscheinen Hitlers Angriffe als Präventivmaßnahmen. Das sah er im Fall der Besetzungen Dänemarks und Norwegens so, und das galt für ihn auch anlässlich des Einmarsches in Belgien und den Niederlanden: Die Wehrmacht habe englischen und französischen Truppen zuvorkommen müssen. Mit besonderer Aufmerksamkeit verfolgte der Pfarrer – er hatte als junger Feldgeistlicher noch das letzte Kriegsjahr 1918 in Frankreich miterlebt – den Frankreichfeldzug. Zu Beginn des Angriffs seien an drei Tagen die Kirchenglocken geläutet worden. Zugleich sei während der Kämpfe vom 5. bis 11. Juni Kirchenbeflaggung angeordnet worden. Und das hieß: Aufziehen der Hakenkreuzfahne an der Kirche oder an Fahnenmasten auf dem Kirchengelände. Als am 14. Juni die Nachricht von der französischen Kapitulation eintraf, habe es zur Feier des Sieges erneut Glockengeläut und zweitägige Kirchenbeflaggung gegeben.[18]

Für Pfarrer Perwitz (geb. 1891) und für viele Zeitgenossen seiner Generation markierten gerade die französischen Vorgänge – Unterzeichnung der Waffenstillstandsbedingungen am 22. Juni 1940 im Salonwagen des Marschalls Ferdinand Foch vom November 1918 – einen triumphalen lebensgeschichtlichen Wendepunkt: Die Kriegsniederlage von 1918 und die Demütigung durch den Versailler Friedensvertrag von 1919 waren gelöscht. In den Kirchengemeinden kamen das festliche Glockengeläut, das Aufziehen der Hitlerfahne und die Dankespredigten von Herzen. Freudenbekundungen dieser Art beherrschten das Bild in den allermeisten Gemeinden während der ersten zwei bis drei Jahre des Krieges, als allenthalben „Sieg“ war. Protestanten nahmen innerlich bewegt und gedanklich Anteil an der staunenswerten Eroberung großer Teile Europas, und sie lobten und dankten dafür von der Kirchenkanzel. Am 22. Juni 1941, einem Sonntag, hielt Pfarrer Perwitz im Tagebuch fest: „In den Morgenstunden greifen wir Russland an, das seit langem stärkste Truppenmassen an unserer Ostgrenze zusammenzog und Grenzübergriff vornahm. Es beginnt die Auseinandersetzung mit dem Bolschewismus.“[19] Das war normalprotestantische Denkungsart zu dieser Zeit: Der Einfall deutscher Truppen in das fremde Land stand im nationalprotestantischen Kirchenmilieu in der Tradition des Kampfes gegen die als krass kirchenfeindlich empfundene „Gottlosigkeit“ der Weimarer Epoche, gegen Liberalismus, Marxismus, Sozialismus und Kommunismus. Es war die Fortsetzung jenes alten kirchlichen Kampfes gegen die „Gottlosenbewegung“, nun allerdings mit einem mächtigen politischen Verbündeten und mit kriegerischen Mitteln.

Der fast sechs Jahre währende Kriegszustand verwandelte das Alltagsleben an der „Heimatfront“. Alles sei „eisern“ organisiert, be-

Der Schriftsteller Jochen Klepper, um 1937

merkte Klepper bereits im Oktober 1939. „Alles ist geleitet, geregelt, hier unterdrückt, dort hochgetrieben. Ein Eishauch liegt über der Volksseele. Es ist ein Triumph der Organisation und der Propaganda, der mir bange macht." Keine Woche verginge, so notiert er im Februar 1940, in der er nicht von irgendeiner Stelle „erfasst" würde. Am Montag, den 7. Oktober 1940 sei er in der Stadt gewesen und habe am Nachmittag die „recht grausig bombardierten Häuser am Lehrter Bahnhof" gesehen:

> Ungeheure Vitalität der Stadt; dazu Soldaten, Soldaten; vor den Cafés im Westen saß soviel elegantes Publikum. Berlin im Kriege ist sehr sonderbar. Deprimierende Warenknappheit: für Hannis Geburtstag sind meine dabei recht trivialen Geschenke – z. B. Briefbogen mit Namensaufdruck – nur mit Mühe zu bekommen. Ein sehr bezeichnendes, nahezu anekdotenhaftes Intermezzo, mein Kampf um ein paar

> schwarze Schuhe. Ich habe zwei Paar braune; so darf ich ein drittes Paar nicht haben. Von der Kartenstelle Nikolassee an die Reichsstelle für Lederwirtschaft gewiesen, falls ich sie beruflich benötige. [...] Heute endlich zu persönlicher Rücksprache zur Reichslederstelle bestellt. Erster Dezernent befürwortet; Abteilungsleiter will, dass ich ein Paar braune einfärbe. Erster Dezernent telefoniert mit vielen Stellen: alles negativ. Selbst Bescheinigungen der Reichsschrifttumskammer und des Propagandaministeriums würden nicht ausreichen, da es keine Berufskleidung für Schriftsteller gibt.

Am Ende einer langen und sehr umständlichen Prozedur verließ der Schriftsteller Klepper schließlich die Reichsstelle für Lederwirtschaft mit einem „Ermächtigungsschein für ein Paar schwarze Straßen- oder Gesellschaftsschuhe".[20]

Hitlers Krieg griff an vielen Stellen tief in das religiöse Leben ein. Das begann bei äußeren Zeichen, den Ritualen des Flaggezeigens und Glockenläutens. Eine Verordnung der Deutschen Evangelischen Kirchenkanzlei vom 9. November 1938 (!) schrieb den Gemeinden vor: Eine Kirchenfahne dürfe fortan nicht mehr aufgezogen werden. Sofern die Kirchen flaggen, sei künftig allein die „Reichs- und Nationalflagge" (das war die Hakenkreuzfahne) aufzuziehen. Schon vor Kriegsbeginn und verstärkt zu Kriegszeiten flatterte bei Festbeflaggung die Hakenkreuzfahne an Kirchtürmen, Gemeindehäusern oder an Fahnenmasten auf dem Kirchengelände. Im November 1939 sinnierte Klepper im Tagebuch über eine militärische Anordnung: „Nur noch zu den Hauptgottesdiensten, und zwar nur drei Minuten, dürfen nun die Glocken läuten (damit der Feind bei schlechter Sicht aus der Höhe sich nicht durch Hören orientiert)." Klepper ahnte wohl, dass es hier nicht allein um Kriegserfordernisse ging, sondern zugleich um die Fortsetzung der vom Regime seit Jahren betriebenen „Entkonfessionalisierung des öffentlichen Lebens". Laut Anordnung des Oberbefehlshabers der Luftwaffe war seit Oktober 1939 das Glockenläuten während eines Fliegeralarms oder bei Taufen und Trauungen verboten. Ausgenommen von diesen und weiteren Restriktionen war allerdings das „Siegesläuten“. So gab es nach dem Polenfeldzug für eine Woche einstündiges Glockengeläut, ähnlich dürfte nach den Besetzungen Belgiens, der Niederlande und Frankreichs verfahren worden sein.[21]

Aber schon bald ging es nicht mehr allein um das Läuten der Glocken, sondern um die Glocken selbst, um kriegswichtiges Metall. Im April 1940 hatte Göring die Beschlagnahme sämtlicher Bronzeglocken mit Ausnahme künstlerisch wertvoller Stücke angeordnet. Nur eine Glocke, die kleinste, sollte den Kirchengemeinden erhalten bleiben. Im Laufe des Krieges lieferten die Gemeinden dann auch: Türklinken, Orgelpfeifen, Turmspitzen, Dachrinnen. Der Geistliche Vertrauensrat verlautbarte hierzu:

> Wir wissen, dass es unsere Gemeinden mit Stolz erfüllt, dieses Opfer für den Führer und das Vaterland bringen zu dürfen. Niemand wird das Opfer, das von ihnen erwartet wird, gering schätzen. Die Stimme der Glocken hat seit Menschengedenken unser ganzes kirchliches und völkisches Leben begleitet, alle wichtigen Ereignisse im Leben des einzelnen und der Gemeinschaft. Der Häuser und Familien in Stadt und Land.[22]

Die Kirchenleitung der DEK bat die Gemeinden im Dezember 1940 um freudige Glockenabgabe und warb: „Wir helfen damit dem Führer und seiner Wehrmacht, den Söhnen unserer Gemeinde, die in hartem Kampfe ihr Leben für uns einsetzen, zum völligen und endgültigen Siege.“[23]

Über die Glockenabnahme in seiner Gemeinde Berlin-Nikolassee notierte der zuverlässige Chronist Klepper am Sonntag den 19. Mai 1940:

> Der Abschiedsgottesdienst für die Glocken fand eine volle Kirche. Als am Ende der Liturgie jede der Glocken *Friede, Freude, Gottvertrauen*, dann alle drei gemeinsam läuteten, hörte man viel Schluchzen. [...] Die Einschränkungen an Kleidung, Heizung, Nahrung, Steuern hat man im Gedanken an das Heer höchstens mit objektivem Interesse vermerkt: das Glockenopfer ist das wirkliche, gemeinsame, schweren Herzens dargebrachte Opfer der Heimat.[24]

Die eingefahrenen Fronten des Kirchenkampfes seit 1933 bildeten sich unter den Bedingungen der Kriegsgesellschaft zurück. Vielerorts gab es nun dringendere Sorgen als theologischen Streit und kirchenpolitische Richtungskämpfe. Physische und psychische Erschöpfung der Kombattanten taten ein Übriges. Der ursprüngliche Versuch in der großen preußischen Landeskirche, als Kirchenopposition von unten her eine Gegenkirche mit eigenen Leitungsstrukturen aufzubauen, erwies sich als utopisch. Hinzu kamen wachsender staatlicher Druck, zunehmende Illegalisierung und scharfe Repression. Symptomatisch war der Rückzug des Berliner BK-Präses Gerhard Jacobi. 1939 legte er sein Leitungsamt nieder. In seiner Gemeinde Kaiser-Wilhelm-Gedächtnis war er aktiv am Rückbau zu einer angepassten Gemeinde unter Einbeziehung ehemaliger DC-Pfarrer beteiligt. Anfang 1942 begründete er seinen Schritt in einer Denkschrift *Die Bekennende Kirche heute*. Die Kirchenopposition, so sein Fazit, müsse endgültig den Anspruch eines eigenen Kirchenregiments aufgeben.[25] Im „Prüfungsprozess" vor dem Berliner Sondergericht 1 im Dezember 1941 stand fast die gesamte regionale Führungsgruppe der Bekennenden Kirche unter Anklage, ihre exponiertesten Vorkämpfer wie der Spandauer Superintendent Martin Albertz und Pfarrer Günther Dehn wurden zu längeren Haftstrafen verurteilt. Seither war die regionale Kirchenopposition als Institution faktisch handlungsunfähig.[26]

Nahezu alles und jedes schrumpfte oder fehlte bald im Kirchenmilieu. Was herrschte, war eine von Kriegsjahr zu Kriegsjahr sich steigernde Mangelwirtschaft. Die Kohlen wurden rar, kirchliche Mitarbeiter und Gottesdienstbesucher froren in ungeheizten Räumen. Das Papier wurde knapp und von Jahr zu Jahr schlechter: hölzern, braunstichig, brüchig. Die Oblaten für das Abendmahl wurden Mangelware und waren bald ohne Mehlbezugsscheine nicht mehr zu haben. Der Abendmahlswein ging zur Neige und musste mit Wasser verdünnt werden. Und auch die Kerzen für feierliche Zeremonien wurden knapp. Die Männer der jüngeren und mittleren Generation, die ohnehin schon seit langem im Gemeindeleben und bei Gottesdiensten schwach vertreten waren, verschwanden noch mehr von der Bildfläche. Jüngere Pfarrer und vor allem die ‚illegalen' Vikare der Bekennenden Kirche wurden in großer Zahl eingezogen und, so hat es den Anschein, gezielt an den gefährlichsten Kriegsfronten verheizt. Viele vakante Pfarrstellen blieben für die Dauer des Krieges unbesetzt.[27]

Mit den Luftangriffen kehrte der Krieg bald an seinen Ausgangspunkt zurück. Eine Mischung aus Sühne, Buße, „Strafe-Gottes"-Rhetorik und apokalyptischer Heimsuchungsklage habe, so die einschlägigen Studien von Dietmar Süß, zum semantischen Arsenal katholischer wie evangelischer Theologen gehört, um den Bombenkrieg sprachlich fassbar zu machen. Die Deutung des Luftkriegs als Teil einer „volksgemeinschaftlichen" Heimsuchung sei seit 1942/43 das immer wiederkehrende Motiv christlicher Kriegstheologie gewesen. Vielfach habe es in religiösen Kreisen geheißen, das Inferno sei von Gott zugelassen und folglich ein Strafgericht für die frevelhafte Entfernung der Menschen vom Glauben.[28]

Das Kriegstagebuch von Pfarrer Perwitz dokumentiert das Inferno an der Heimatfront. Am 22. November 1943 zerstörten schwere Bombenangriffe die Gebäude auf dem Schöneberger Kirchengelände. Die Angriffe begannen abends gegen acht Uhr bei wolkig-regnerischem Wetter:[29]

> Sprengbomben, Luftminen, Phosphorkanister und Brandbomben fielen in großer Menge auf unser ganzes Wohnviertel. [...] Als wir noch vor der Entwarnung und nach starken Erschütterungen durch Bomben den Schutzraum verließen, brannte die Superintendentur hell und aus der Turmhaube der Paul-Gerhardt-Kirche schlugen die Flammen. [...] Trotz angestrengtester Löscharbeit waren Superintendentur, Pfarr- und Gemeindehaus, in dem wir wohnten, und Paul-Gerhardt-Kirche nicht zu halten. Durch die zerstörten Fenster flogen die Funken von allen Seiten. [...] Schließlich standen wir abgekämpft und verdreckt auf dem Kirchhof und sahen unsere Gebäude, darunter auch unsere so besonders schöne Wohnung, niederbrennen.

Für das letzte Kriegsjahr 1945 registriert das Totenbuch der Gemeinde Alt-Schöneberg 643 Todesfälle. Das war annähernd das Dreifache von Normaljahren. Unter der Rubrik „Todesursachen“ heißt es im April 1945: „Granatsplitter“, „Gesichtsschuss“, „Mundschuss“, „Herzschuss“, „Platzen der Lunge durch Geschützfeuer“, „tot aufgefunden auf der Straße“, „Vergiftung und Aderöffnung“, „Pulsaderschnitt“. Am 27. April suchten ein 48-jähriger „Organisationsleiter“ der NSDAP und seine Ehefrau aus der nahe gelegenen Belzigerstraße um fünf Uhr früh den „Freitod durch Erschießen“. An diesem Tag besetzten sowjetische Truppen das Kirchengelände. Beide Toten wurden eine Woche später ohne geistliche Begleitung auf dem Alten Kirchhof beigesetzt.[30]

Die katholischen Deutschen und der Krieg

Wie verhielten sich die katholischen Deutschen und ihre Kirche während Hitlers Krieg? Sind sie – im Vergleich mit den Protestanten – weniger durch Zustimmung und Kollaboration mit dem NS-Regime kompromittiert? Durch den ‚Anschluss' Österreichs im März 1938 und die Annexion des Sudetenlands (Oktober 1938) wuchs der konfessionelle Anteil der Katholiken im „Dritten Reich" von ursprünglich einem Drittel auf etwas über 40 Prozent an. Hitlers Großdeutsches Reich war folglich, als im September 1939 der Krieg begann, katholischer geworden.[1] Seine erste große kriegerische Aktion war der Überfall auf den katholischen Nachbarn im Osten. Evangelische Spitzengremien und kirchenpolitische Fraktionen von den Deutschen Christen bis hin zu Stimmen aus der Bekennenden Kirche frohlockten über die „Befreiung" ihrer unterdrückten evangelischen Glaubensbrüder im katholischen Polen. Die deutschen Katholiken indessen – Episkopat, Priester und Kirchenvolk –, sie protestierten gegen die kriegerische Gewaltaktion nicht. Nationale Loyalität im Krieg siegte auch bei den katholischen Deutschen über konfessionelle Solidarität.[2]

Will man die katholische Performance im Zweiten Weltkrieg darstellen, so muss von mehreren, teils grundverschieden erzählten Geschichten die Rede sein. Die eine Version, ich nenne sie die offiziöse Geschichte, ist wohlbekannt. Sie ist vielmals seit Kriegsende 1945 erinnert und dargestellt worden, zunächst von prominenten katholischen Zeitzeugen in der frühen Nachkriegszeit. Später ist sie von einer kirchennahen katholischen Geschichtsschreibung wieder und wieder fortgeschrieben worden. Diese Erzählung beherrscht noch heute im Allgemeinen das Geschichtsbild: eine katholische Heldengeschichte des christlichen Widerstehens, kombiniert mit einer christlich-gläubig erduldeten Leidensgeschichte – Katholiken als Opfer von Nationalsozialismus und Krieg. Der Krieg, so heißt es, sei von katholischen Theologen als göttliche Strafe für Sünden interpretiert worden, er sei als ein christlicher Bußgang aufgefasst worden, eine Prüfung, die von den Gläubigen als loyalen Staatsbürgern fügsam hinzunehmen sei. Diese Erzählung ist hinreichend bekannt und braucht hier nicht in extenso wiederholt zu werden.[3]

Eine solche kombinierte *Helden-und-Opfer*-Geschichte handelt vorzugsweise von herausragenden Persönlichkeiten wie Bischof Clemens August Graf von Galen und seinen zweifellos mutigen Predigten im Juli und August 1941 in Münster wider Himmlers übergriffige Beschlagnahmung von katholischen Einrichtungen und wider die NS-Euthanasiemaßnahmen.[4] Sie handelt vom sogenannten „Klostersturm", also der Übernahme (teilweise auch Enteignung) katholisch-kirchlicher Häuser im Jahr 1941 zu kriegsbedingter Fremdnutzung. Faktisch war dies eine radikalisierte Fortsetzung der NS-Religionspolitik („Entkonfessionalisierung") aus Vorkriegszeiten, und nicht selten dienten dabei kriegspolitische und militärtechnische Begründungen lediglich als Vorwand. Diese maßgeblich durch den scharf antikirchlich eingestellten Leiter der Parteikanzlei Martin Bormann initiierte religionspolitische Maßnahme wurde auf Anordnung Hitlers Ende Juli 1941 gestoppt.[5]

Des Weiteren thematisiert die tradierte *Helden-und-Opfer*-Geschichte diverse Verlautbarungen der Bischöfe wie den „Menschenrechts-Hirtenbrief" vom März 1942, der die Machthaber ermahnte, die Gültigkeit universaler menschlicher Grundrechte zu respektieren, sowie den „Dekalog-Hirtenbrief" (19. August 1943), worin offenkundige NS-Verbrechen – freilich ohne das Wort „Jude" auch nur zu erwähnen – verurteilt wurden („Tötung ist in sich schlecht").[6]

Das *Helden-und-Opfer*-Narrativ handelt ferner von der – im Vergleich mit evangelischen Pfarrern – relativ sehr großen Zahl katholischer Priester, die wegen resistenten Verhaltens oder kritischer Statements während der Kriegsjahre verfolgt und in vielen Fällen in das KZ Dachau eingeliefert wurden. Im Dachauer „Pfarrerblock“ waren katholische und evangelische Geistliche aus dem Deutschen Reich im sehr ungleichen Zahlenverhältnis von etwa zehn zu eins inhaftiert. Dieses eklatante Übergewicht katholischer Geistlicher dürfte als ein Indikator für das unterschiedliche Ausmaß geistlicher Resistenz beider Konfessionen zu werten sein.[7]

Auch das notorische Schweigen von Papst Pius XII. und der katholischen Bischofskonferenz zur Verfolgung und Ermordung der europäischen Juden wird im Kontext dieser kombinierten *Helden-und-Opfer*-Geschichte thematisiert und gegenüber historischer Kritik verteidigt. Das öffentliche katholische Schweigen, gelegentlich begleitet von stiller Hilfe in Einzelfällen, so heißt es im Allgemeinen, sei als eine durch die historischen Zwangsumstände kirchenpolitisch gebotene, kluge Zurückhaltung durchaus gerechtfertigt gewesen.[8]

*

Die andere Geschichte katholischer Performance im Zweiten Weltkrieg hat von Zustimmung, Einverständnis und Mitwirkung der katholischen Deutschen zu handeln. Es geht in einer sozial- und kulturhistorischen Perspektive nicht allein um die selektiven Verlautbarungen von kirchlichen Spitzenmännern und Bischofsgremien, vielmehr muss gleichgewichtig auch vom Denken und Handeln des niederen Klerus und des Kirchenvolks (Laien) die Rede sein. Die große Mehrzahl der Priester stand nicht im Widerstand gegen Hitler und den Nationalsozialismus. Die Frage lautet: Wie kompatibel waren die alltägliche katholische Religiosität der Vielen und nationale Begeisterung für Hitler und großdeutsche Eroberungsziele? Kurz: Es muss auch von den vielfältigen katholischen Kooperationen und

Kollaborationen mit den Anforderungen der nationalsozialistischen Kriegsgesellschaft die Rede sein.

Zu Recht hat der Historiker Olaf Blaschke (Münster) ein auffälliges Missverhältnis bisheriger katholischer Geschichtsschreibung hervorgehoben: Nur allzu häufig und bisweilen auch fein ziseliert sei über vier bis fünf Stufen christlich-katholischen Widerstands in der einschlägigen Literatur nachgedacht worden; wenig Mühe sei indessen für eine vergleichbar intensive Erörterung von Stufen der Kollaboration bis hin zur expliziten Mittäterschaft aufgewandt worden.[9] Wie nahmen das Gros der katholischen Geistlichen und des Kirchenvolks Hitlers Krieg wahr und wie verhielten sie sich gegenüber kriegsbedingten Herausforderungen an der „Heimatfront" und als Angehörige der nach Millionen zählenden Deutschen in der Wehrmacht, in der entsprechend ihrem Bevölkerungsanteil 30 bis 40 Prozent Katholiken dienten?

Der britische Historiker Thomas Brodie hat diese Fragen in einer empirisch gesättigten Regionalstudie über *German Catholicism at War* am Beispiel der katholischen Regionen des Rheinlands (Bistümer Köln und Aachen) sowie Westfalens (Münster) untersucht.[10] Einen Kriegsenthusiasmus wie 1914 habe es zu Kriegsbeginn im katholischen Milieu des Rheinlands und Westfalens nicht gegeben. Die scharfe Verfolgung und teilweise Vernichtung des katholischen Klerus in Polen habe keine kritische öffentliche Resonanz im katholischen Milieu hervorgerufen. Der Glaube an Hitler als ein ganz außergewöhnlicher, als brillanter Staatsmann sei indessen während der anfänglichen Kriegsjahre stark ausgeprägt gewesen. Ein Vortrag des katholischen Theologen Karl Adam (Tübingen) vom Dezember 1939 in Aachen, der für eine Annäherung von Katholizismus und Nationalsozialismus im Sinne der propagierten „Volksgemeinschaft" warb, habe großen Widerhall bei jüngeren Priestern und im Kirchenvolk gefunden. Die verbreiteten Proteste im Kontext der Bischof-Galen-Predigten im Sommer 1941 seien temporär und in der Sache selektiv auf die Euthanasiemaßnahmen ausgerichtet gewesen. Die Legitimation der nationalsozialistischen Kriegsführung sei durch diese Proteste im katholischen Milieu nicht generell in Frage gestellt worden.[11]

Die entscheidende Kriegsphase zwischen Dezember 1941 und Juni 1944 habe laut Brodie kein generelles Abgleiten in Defätismus im katholischen Alltagsleben gezeitigt. Starke nationalistische Gefühle hätten weiterhin in großen Teilen des niederen Klerus und Kirchenvolks vorgeherrscht. Der zunehmende Bombenkrieg aus der Luft habe nicht zu einer moralischen Schwächung an der „Heimatfront" beigetragen, sondern vielfach den Hass auf die Kriegsgegner, namentlich die Briten, gesteigert. Verbreitete Behauptungen aus der frühen Nachkriegszeit, kolportiert insbesondere vom hohen Klerus, der Krieg habe zu einem „wartime religious revival" beigetragen, ließen sich keinesfalls empirisch belegen. Die Zerstörung von Kirchen, die schrumpfende geistliche Versorgung der Gemeinden, scharfe Reglementierungen der Gottesdienstzeiten, die generell gesteigerten Migrationsbewegungen in der Kriegsgesellschaft (Militärdienst der jüngeren Männer, Evakuierungen der Großstädte, Kinderlandverschickung und weitere Faktoren) hätten vielfach das Gemeindeleben geschwächt. Männer seien mehr und mehr aus dem katholischen Gemeindeleben verschwunden. Das Resümee des britischen Historikers, gewonnen auf der Grundlage breiter empirischer Archivforschungen, lautet: „Nevertheless, at the level of pastoral practice, no full-scale religious revival, however defined, had developed among Catholics in the northern Rhineland and Westphalia by spring 1945."[12]

Es waren fünf bis sechs Millionen katholische Deutsche, die während der sechs Kriegsjahre von 1939 bis 1945 in Hitlers Armeen dienten. Nach ihrer Konfessionszugehörigkeit handelte es sich bei der deutschen Wehrmacht von 1939 um eine christliche Armee, die unter Hitlers Befehlen große Teile Europas besetzte und besonders in den östlichen Frontbereichen Kolonialisierung und gezielte Vertreibung, teilweise auch systematische Vernichtung der ansässigen, rassisch als minderwertig beurteilten Bevölkerung betrieb. Durch zahllose Soldatenbriefe und etliche Berichte katholischer Wehrmachtgeistlicher haben Klerus und Laien ihre Kriegserfahrungen geschildert. Im Allgemeinen galt ihnen dieser Krieg als ein legitimer deutscher Verteidigungskrieg, der von Norwegen bis Nordafrika, von der Atlantikküste bis kurz vor Moskau und Stalingrad im Osten auszufechten sei. Ihre während des Kriegsverlaufs getätigten Äußerungen legen nahe, dass sie offenbar meinten, weit jenseits der deutschen Reichsgrenzen deutsche Mütter und Kinder, deutsche Heimat und abendländische Kultur, nicht zuletzt auch „das Christentum" verteidigen zu müssen.

Insbesondere der deutsche Vernichtungskrieg im Osten ist im katholischen Milieu vielfach als ein christlicher Kreuzzug gegen den „gottlosen Bolschewismus" und das mit ihm angeblich eng verbundene Judentum interpretiert worden. Ein scharfer Antibolschewismus, gepaart mit Antijudaismus und Antisemitismus, prägte das Weltbild vieler katholischer Kriegspfarrer. Der Einmarsch in die durch den Bolschewismus angeblich völlig verwüsteten Gebiete der „Gottlosigkeit" galt ihnen als lobenswerte Befreiungstat einer christlichen Armee. Der Bericht eines katholischen Wehrmachtgeistlichen an das Feldbischofsamt schildert mit Freude eine kirchliche Zeremonie vom Juni 1943 in der Ukraine, worin die Wehrmacht als Befreierin der Kirchen gefeiert wird:

> Feiertagsstimmung. Männer und Frauen, Jungen und Mädel haben das Gewand der Arbeit mit Festtagskleidern vertauscht. […] Und während die Junisonne höher steigt, prängt vom Südportale des orthodoxen Bethauses das feurige Rot, vereint mit dem schwarzen Hakenkreuz im weissen runden Feld, das Banner der deutschen Nation. Um dieses Siegeszeichen hat sich die russische Bevölkerung gruppiert, in kurzer, würdiger Gedenkfeier dem Tag die innere Weihe zu geben.[13]

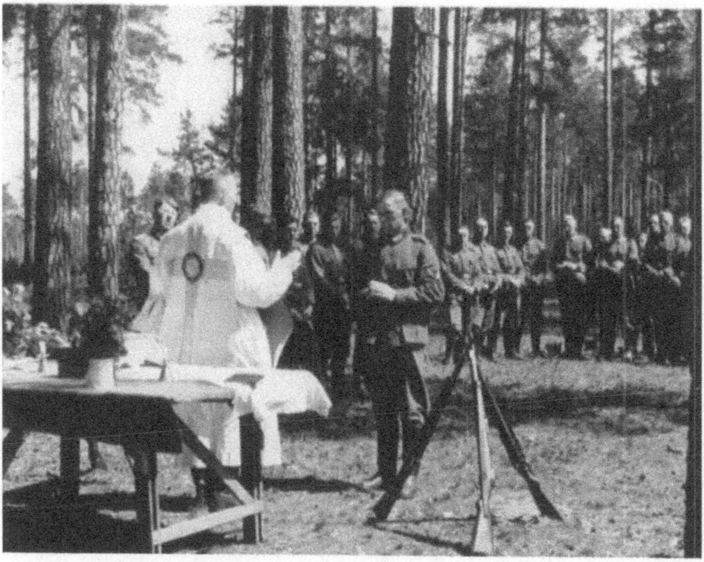

Katholischer Feldgottesdienst im Ostkrieg

Katholische wie evangelische Wehrmachtgeistliche empfanden in solchen Situationen, zumeist im ökumenischen Gleichklang, an der bewaffneten christlichen Mission einer Kulturnation im jüdisch-bolschewistisch zerstörten Osten teilzunehmen.[14]

Anfang Januar 1942, als die militärische Eroberung Moskaus knapp vor dem Ziel festlief und das Scheitern hochfliegender Kriegsziele sich abzuzeichnen begann, schrieb Kaplan Anton Maier von der Pfarrei Herz Jesu in Weiden (Oberpfalz) als geistlicher Betreuer katholischer Soldaten dem Soldaten Hans Barth an die Front:

> Die Wolken hängen zwar ganz schwarz herein, aber denen, die Gott lieben, gereicht doch alles wieder zum Besten. Wir stehen jetzt wirklich in einem letzten Entscheidungskampf. Ihr habt es mit eigenen Augen gesehen, wie weit die Menschen kommen, die Gott bewusst bekämpfen. Der Bolschewismus muss mit Stumpf und Stil vernichtet werden. Leider

> Gottes müssen dabei immer die Besten ihr Blut hergeben. [...] Durch die bolschewistische Revolution ist die göttliche Weltordnung und die Autorität Gottes doch so furchtbar verletzt von der Menschheit, dass diese Greuel seit 20 Jahren zum Himmel schreien um Rache oder Sühne. Das ist einmal so in der Weltordnung: jedes Unrecht muss irgendwie gesühnt werden. Auch die Bolschewistische Revolution! Sühnen können aber nur solche, die selber sauber sind! Degenerierte Menschen haben keinen Sühnewert. Darum müssen gerade die Besten ihr Leben geben.

So oder ähnlich lautete der Tenor vieler katholischer (wie evangelischer) Geistlicher als Seelsorger im Ostkrieg. Mit Briefen wie diesen glaubten offenbar Geistliche, zu einer christlichen Sinngebung des Krieges beizutragen: Die nationalsozialistische deutsche Wehrmacht als christliche Armee im Kreuzzug gegen die „Gottlosigkeit". Oder, um es zugespitzter zu formulieren: ein christlicher Kreuzzug und ein nationalsozialistischer Hakenkreuzzug im prekären befristeten Bündnis bei der Unterwerfung des von gottlosen Bolschewisten und von rassisch als minderwertig angesehenen Slawen und Juden bevölkerten Osten.[15]

Selbst die entschieden christlich-frommen Jesuiten als eine exklusive Sondergruppe im Katholizismus teilten diese Grundhaltung katholischer Kriegspfarrer und Soldaten weithin. Es sei ein „furchtbares Gericht", so war in ihren Briefen in die Heimat zu lesen, das nun am Bolschewismus vollzogen werde. Die frommen Jesuitensoldaten konnten sich mithin als „Werkzeuge Gottes" in einer gerechten Sache verstehen. Und auch an den Juden, so die explizite Wahrnehmung, vollzöge sich nun ein „Stück Gottesgericht". Besonders auf den östlichen Kriegsschauplätzen erhielt der traditionelle christliche Antijudaismus erneut Aufladung durch einen scharfen „christlichen Antisemitismus". Das anfänglich hehre Gefühl der Jesuitensoldaten, so resümiert die Kirchenhistorikerin Antonia Leugers in ihrer wichtigen Studie, als Werkzeug Gottes das Gericht über den gottlosen Bolschewismus vollstrecken zu sollen, sei indessen nach längerer Kriegsdauer der Deutung gewichen, dass beide weltanschaulichen Systeme, Kommunismus wie Nationalsozialismus, von Gott gestraft werden sollten. Aus der großen Katastrophe, in der man nun stehe, könne nur noch Gott retten.[16]

Soldatenbriefe, Kriegsbriefe, Feldpostbriefe – wie es scheint, eine schier unerschöpfliche Quelle, um Einblicke in die Kriegserfahrungen evangelischer wie katholischer Wehrmachtsoldaten zu gewinnen. Der Historiker Klaus Latzel hat seiner beeindruckenden Analyse von Feldpostbriefen des Zweiten Weltkriegs die biografische Rekonstruktion des jungen katholischen Gefreiten Hans Olte (geb. 1921) anhand dessen dichter Serie von Kriegsbriefen, zumeist an seine Eltern gerichtet, vorangestellt.[17] Er kam aus einer rheinischen Kleinstadt, hatte die Volksschule abgeschlossen und war städtischer Angestellter. Sein Vater unterrichtete als Volksschullehrer und war Mitglied der NSDAP. Man wird wohl sagen können: So oder ähnlich wie bei Hans Olte sahen die Wahrnehmungen und Kriegserfahrungen eines jungen katholischen Soldaten aus. Olte hatte als Jugendlicher vermutlich die ideologische Sozialisation in der Hitler-Jugend durchlaufen. Seine religiös-katholische Familienprägung tritt in den Briefen wenig hervor. Im Oktober 1940, zu Beginn seiner militärischen Ausbildung, schreibt er: „Wir wurden am Freitag feierlich auf Führer und Vaterland vereidigt. Morgens gingen wir um 8 Uhr zu einer für uns besonders angesetzten Messe geschlossen mit der ganzen Abteilung, Anschließend fand der feierliche Ackt statt." Mehrfach drückt der junge Mann Ungeduld aus, nun endlich an die Front zu kommen. Im April 1941 ist er im „Generalgouvernement" stationiert und besichtigt in Radom das Ghetto: „Und dann das Ghetto. Solch einen Dreck kann man ja nur von einem Juden verlangen." Zum Zeitpunkt seines Einmarsches in die Sowjetunion war er zwanzig Jahre alt. Am 22. Juni 1941 schreibt er nach Hause:

> Mein lieber Bruder – Heute am Abend der grössten, bis jetzt in der Weltgeschichte gewesenen, Schlacht, möchte ich Dir noch schnell ein paar Zeilen schreiben. Mir gehts sehr gut. Und ich erwarte schon mit Spannung 03,15 Uhr. Ihr seid ja jetzt weit vom Schuß. Wir ja gerade nicht, aber allzu schlimm wirds wohl nicht werden. Deinen Brief hab ich erhalten. Leider ist [es] jetzt aus mit dem Telefonieren, vielleicht von Moskau aus. Nun sei für heute und vielleicht die nächsten Wochen recht recht herzlich gegrüßt – von Deinem Bruder Hans […].[18]

Viel klagt Soldat Olte über die schlechten Straßen, russische Unkultur, den Dreck, die „Partisanen". Im November 1941 heißt es: „Es ist nur auf das schlechte Wetter zurückzuführen, dass Moskau noch nicht dem Erdboden gleich gemacht worden ist. Jetzt ist nun wieder herrliches Wetter und ich glaube, dass es nicht mehr allzu lange dauern wird bis auch dieses Bollwerk gefallen ist. Und Moskau wird ganz in Schutt gelegt." Anfang 1942, russischer Winter, die Verpflegung war schlechter geworden:

> Z. Zt. ist unsere Verpflegung wieder gut. Naja unser Adolf hat ja auch jetzt die Sache in der Hand und diesmal wird es klappen, darauf könnt ihr Euch verlassen. Er hat ja ganz genau geschildert in seiner Rede wie es hier aussieht. […] Wenn man jedesmal ließt wer verwundet und wer gefallen ist, dann wird es einem immer übel ums Herz. Und den Otto hat es jetzt auch getroffen. Ja vorne hat man schnell was weg. Und jedes Mal danke ich Gott, dass ich beim Korps bin. Da ist es nun nicht gerade zu schlimm."

Von Gott, von Glaube, von Religion ist im Ganzen wenig die Rede. Die Präsenz katholischer Wehrmachtseelsorge ist in seinen Briefen nicht zu bemerken, auch scheint bei Olte kaum Bedarf danach bestanden zu haben. Gegen Jahresende 1943, nach der Kriegswende von Stalingrad, resümiert er das schwere Jahr:

> Hat uns auch das alte Jahr schwere Prüfsteine in den Weg gelegt, die mit höchstem Soldatentum gemeistert wurden, so wird uns auch im kommenden Jahr keine Prüfung, mag sie auch noch so gross sein, entmutigt finden. Aber wir wollen auch nicht vergessen bei dieser Gelegenheit Gott um seine Gnade zu bitten uns beizustehen und uns einen großen Schritt, wenn nicht sogar zum endgültigen Siege über den Feind zu verhelfen.

Hans Olte blieb bis gegen Kriegsende ein jugendlicher Optimist, was den Kriegsausgang betraf. Am 8. Juli 1944 geriet er in Kriegsgefangenschaft. Während des Winters 1946/47 verstarb er in russischer Gefangenschaft im Alter von 25 oder 26 Jahren.[19]

14 von 22 Wehrmachtsoldaten, deren Briefe Latzel intensiver untersuchte, verloren „kein Wort über Gott oder den christlichen Glauben" in ihren Briefen. Ganz im Unterschied zu Feldpostbriefen des Ersten Weltkriegs, wo ein Bezug auf Glauben, Religion und Kirche häufiger und intensiver vorkam. Es ist zu vermuten, dass bei den jungen Wehrmachtsoldaten des Zweiten Weltkriegs, die zumeist im Alter zwischen 20 und 30 Jahren standen, der weltanschauliche Einfluss der nationalsozialistischen Schule, der Jugendorganisationen, des Reichsarbeitsdienstes eine Rolle spielte. Unverkennbar sei hingegen, konstatiert Latzel, bei den Wehrmachtsoldaten die Konkurrenz gewesen, die dem herkömmlichen Glauben an Gott oder Jesus Christus durch das Auftreten des „Führers" entstanden sei. Der Glaube an Hitler als charismatischer, allmächtiger Führer der Deutschen sei allenthalben in den Soldatenbriefen hervorgetreten.[20]

*

Auch das katholische Milieu der Kriegszeit erweist sich als ein kräftig durchmischtes religiöses Feld, in sich vielfältig und in Teilen von Kriegs- und Hitlerbegeisterung affiziert. Diese empirischen, hybriden Gläubigkeiten der Vielen gingen nicht in den theologisch korrekten Verlautbarungen der Bischöfe auf. Gewiss wird man im katholischen Milieu nicht in gleichem Maß jene enthusiastischen Kanzelprediger finden, die von Deutschlands Größe und Hitlers Großraumeroberungen schwärmten, wie dies bei nicht wenigen evangelischen Pfarrern der Fall war. Aber der antibolschewistische Affekt war während der Kriegsjahre auch im katholischen Denken stark und die Aussicht, mit dem Angriff der Wehrmacht den „gottlosen Bolschewismus" im Osten zu tilgen, verband durchaus populäre katholische Haltungen mit Hitlers Krieg. An der Heimatfront litt das Gemeindeleben unter vielerlei Erschwernissen: Einschränkung der Gottesdienstzeiten, Evakuierungen in den Großstädten wegen Bombenkriegsgefahr aus der Luft, Zerreißung der Familien durch Kinderlandverschickung, Fortbleiben der männlichen Gemeindeglieder. Von einem angeblichen Aufblühen katholischen Gemeindelebens als einem aufrecht gegen das Regime zusammenstehenden christlichen ‚Häuflein der Bedrängten' kann nicht die Rede sein.

Nationalsozialistische Gottgläubigkeit im Krieg

Der von NSDAP und NS-Regime seit 1937 forcierte Trend einer „Entkonfessionalierung des öffentlichen Lebens", messbar an der steigenden Zahl der Kirchenaustritte von Parteimitgliedern, war seit 1940/41 wieder rückläufig. Er brach jedoch während der ersten Kriegsjahre nicht völlig ab. Beflügelt durch die anfänglichen militärischen Blitzkriege und Blitzsiege von 1939 bis 1941 hielten sich die Austrittszahlen noch auf ungewöhnlich hohem Niveau. Erst seit Kriegsmitte um 1942 ließ die weltanschaulich inspirierte Abkehr von den christlichen Konfessionen und damit der Übergang in die nationalsozialistische „Gottgläubigkeit" stark nach. Solange noch Sieg war, so lässt sich schlussfolgern, so lange bestärkten die phänomenalen militärischen Erfolge gewiss bei vielen Zeitgenossen, besonders in der jüngeren männlichen Generation, den Glauben daran, dass der politische Aufstieg des Nationalsozialismus und die Expansion seiner Militärherrschaft über große Teile Europas nicht zuletzt auch ein Sieg der NS-Weltanschauung sei, die Bestätigung einer weltgeschichtlichen deutschen Mission. Und wo so viel Sieg sei, so lautete eine weit verbreitete Überzeugung, da müsse doch „Gott" seine Hand segnend im Spiel haben. Aber dieser „Gott" war nun freilich nicht mehr der jüdisch-christliche Gott des herkömmlichen Glaubens, sondern ein anderer Glaube an einen anderen Gott, den Gott der Deutschen, in dessen Auftrag der vermeintlich unbezwingbare „Führer" handelte und eine historische Mission zu erfüllen habe.[1]

Ungeachtet des vom Regime erklärten kirchenpolitischen „Burgfriedens" gegenüber den großen christlichen Konfessionen radikalisierten sich die postchristlichen religionspolitischen Utopien maßgeblicher NS-Führer während des Krieges. Vorerst blieben diese politisch riskanten Positionen jedoch nichtöffentlich. Erst durch Quelleneditionen der Nachkriegszeit wie Hitlers Tischgespräche, die Tagebücher von Goebbels und Rosenberg oder Himmlers Geheimreden sind die radikal kulturrevolutionären Intentionen in NS-Führungskreisen erkennbarer geworden.[2] Es war Absicht und Kalkül, derart beunruhigende Zielsetzungen gegenüber einer nach wie vor überwiegend christlich geprägten Nation, zumal unter den extremen physischen wie seelischen Belastungen eines Krieges, im Geheimen zu belassen.

Als ein Musterbeispiel für diese religionspolitische Doppelstrategie kann ein Rundschreiben des Leiters der Parteikanzlei Martin Bormann an sämtliche Gauleiter vom Juni 1941 gelten. Darin teilte der strikt kirchenfeindliche, gottgläubige NS-Spitzenfunktionär mit, dass nationalsozialistische und christliche Auffassungen miteinander unvereinbar seien. Das Volk müsse dem Einfluss der Kirchen und Pfarrer immer mehr „entwunden" werden, zugunsten einer geistigen Führung durch die Partei. Der Einfluss der Kirchen auf die „Volksführung" müsse endgültig gebrochen werden. Rosenberg kommentierte Bormanns „unmögliche[n] Brief" in einer Tagebuchnotiz vom September 1941: „Mit Holzhackermanieren kann man 2000 Jahre europäischer Geschichte nicht überwinden."[3] Nachdem kirchliche Kreise Kenntnis von diesem Brief erlangt hatten, musste Bormann aufgrund erheblicher Beunruhigung beider Konfessionen in der Öffentlichkeit sein Rundschreiben ein halbes Jahr später offiziell zurückziehen.[4]

Zu den produktivsten intellektuellen Protagonisten des „neuen Glaubens" zählte der ehemalige Theologiestudent und seit Mitte der 1930er Jahre gottgläubige Postprotestant Matthes Ziegler. Während der ersten Kriegswochen verfasste er im Eiltempo eine im Predigtton gehaltene Glaubensfibel für Wehrmachtsoldaten: *Soldatenglaube – Soldatenehre*. Bormann schätzte sie offenbar sehr und setzte Zieglers Brevier an die erste Stelle bestens geeigneter Frontlektüre. Diese Schrift sollte Sinngebung junger Soldaten sein für Pflicht, Ehre, Opfer und Tod, begründet aus Zieglers neuartigem „Lebensglauben". Versehen war das Heft mit Sinnsprüchen von NS-Partei- und Glaubensgenossen wie Himmler, Rosenberg, Hitler, Göring sowie von Baldur von Schirach, Lothar Stengel-von Rutkowski, Hans Baumann und anderen aus der Garde der jungen Parteidichter. Faktisch sollten Hefte wie dieses, die unter den Soldaten in Millionenauflage verbreitet wurden, die traditionellen Erbauungsheftchen der christlichen Wehrmachtseelsorge ersetzen. *Du allein bist nichts,* so lautete der Tenor, *aber dein Volk ist alles.* Es sei der „Führer" gewesen, schreibt Ziegler, der allen Deutschen *einen* Glauben gegeben habe, der in Blut und Boden des nordischen Menschen die Wurzeln seiner Kraft finde. Die „Vorsehung", die ihn uns gesandt habe, segne ihn und sein Deutschland täglich. Im Namen Gottes leisteten wir Deutsche jetzt den Eid auf ihn. „Das heilige Zeichen, das unsere Fahne trägt, ist allen Feinden des Reiches ein Ärgernis, uns aber ist es ein Glaubens- und Lebenssymbol, das den Tod überwunden hat und täglich überwindet. Vermächtnis der Ahnen und Mahnzeichen unseres Blutes, so flattert uns das Hakenkreuzbanner voran in den Sieg der deutschen Zukunft."[5]

Während der Kriegsjahre war Ziegler zeitweilig als SS-Kriegsberichterstatter im Einsatz. Wichtiger war ein anderer Parteiauftrag: Als halb ausgebildeter Theologe und Katholizismusexperte war ihm die Aufgabe zugewiesen worden, Konturen einer zukünftigen nationalsozialistischen Vatikan- und Kirchenpolitik zu erarbeiten. Nach eigenen Angaben (aus der Nachkriegszeit) habe er ein über eintausend Seiten umfassendes Manuskript „Die Vatikanpolitik von Bismarck bis Hitler" geschaffen, das jedoch gegen Kriegsende verloren gegangen sei. Allem Anschein nach arbeitete Ziegler im allerhöchsten Parteiauftrag an historisch-politischen Grundlagen für eine „Endlösung der Romfrage" nach dem erwarteten siegreichen Krieg.[6]

Ein anderer Protagonist nationalsozialistischen Glaubens zu Kriegszeiten war Gunter d'Alquen: Jahrgang 1910, protestantische Erziehung, bündische Jugendbewegung, mit 17 Jahren Eintritt in die NSDAP, 1935 mit 25 Jahren Hauptschriftleiter des SS-Organs *Das Schwarze Korps.* Der junge Mann war ein „Glaubenskrieger" Himmlers par excellence. Mit seiner aggressiv antichristlich und antikirchlich ausgerichteten SS-Wochenzeitung stand er an vorderster Front der vom Regime betriebenen „Entkonfessionalisierung". Als bekennender Gottgläubiger publizierte d'Alquen 1941 die einschlägige Kriegsschrift *Das ist der Sieg. Briefe des Glaubens in Aufbruch und Krieg.* Eingefügt zwischen Kriegsbriefen von der Front enthält das Buch ein von d'Alquen verfasstes Glaubensbekenntnis, aus dem hier lediglich der letzte „Artikel" zitiert sei:[7]

> Wir glauben an Gott und dienen ihm in unserem Volke, und wahrlich, dieser Glaube ist stark und mächtig, denn mehr Wunder und mehr gewaltige Tat machte er in unserer Zeit möglich und frei, als uns jemals Legende und Historie zuvor zu überliefern vermochten. Dieser Glaube an Deutschland und sein ewiges Leben ist ein Glaube an unser aller Ewigkeit. [...] Aus gläubigem Bekenntnis zu Gottes erhabenster Schöpfung, zu unserem Deutschland, aus der Tat eines großen Herzens werden wir das Vorbild und die Kraft aller Zukunft schöpfen.

Beide Protagonisten des neuen Glaubens standen lange Zeit an der Spitze einflussreicher NS-Blätter und erreichten ein Lesepublikum von etlichen Hunderttausenden: Ziegler als Rosenbergs Schriftleiter der *Nationalsozialistischen Monatshefte,* d'Alquen als Chef des aggressiv antikirchlichen SS-Organs *Das Schwarze Korps.* Beide wirkten als junge, fanatische Multiplikatoren einer neuartigen Religiosität, eines neuen deutschen Glaubens im „Dritten Reich“.[8]

Es waren vor allem die Totenfeiern für prominente Nationalsozialisten zu Kriegszeiten, die unmissverständlich die nichtchristlichen, gleichwohl religiösen Grundhaltungen in der Parteispitze offenbarten. Man kann das exemplarisch an den Kulten, Zeremonien, Symbolen und Reden während der Staatsbegräbnisse für Reichskirchenminister Hanns Kerrl (verst. am 14. Dezember 1941), Hitlers Straßenbaumeister und Obertechnikexperte Fritz Todt (8. Februar 1942) oder Himmlers Chef des Reichssicherheitshauptamts Reinhard Heydrich (4. Juni 1942) zeigen.

Mit einem Staatsakt am 16. Dezember 1941im Mosaiksaal der Neuen Reichskanzlei gedachten große Teile der Parteiprominenz des im Alter von 54 Jahren anlässlich einer Dienstreise in Paris verstorbenen Reichskirchenministers Kerrl. Dieser hatte sich seit 1935 vergeblich an einer Synthese von NS-Weltanschauung und christlicher Tradition abgemüht und war damit in NS-Führungskreisen immer mehr in Ungnade gefallen. Die Gedenkrede auf den Verstorbenen hielt Reichserziehungsminister Bernhard Rust. Beide hatten sich als „alte Kämpfer“ aus der Region Hannover seit den 1920er Jahren gut gekannt. Für den nicht anwesenden Reichskanzler Hitler sprach Reichsmarschall Göring Grußworte. Die gesamte Inszenierung war weltanschaulich strikt nationalsozialistisch geprägt. An keiner Stelle der Zeremonie wurde dem Umstand Rechnung getragen, dass es sich bei dem Verstorbenen um einen der wenigen „christlichen Nationalsozialisten“ in der Parteispitze gehandelt hatte. Kirchenvertreter nahmen an der Zeremonie nicht teil.[9]

Anlässlich einer pompösen Trauerfeier in der Berliner Neuen Reichskanzlei am 9. Juni 1942 in Anwesenheit Hitlers und der Parteiprominenz hielt Reichsführer-SS Himmler die Totenrede auf Heydrich. Die Feier begann mit Trauermusik aus Wagners Götterdämmerung. Himmler pries den „strahlende[n] große[n] Mensch“

Trauerfeier Reinhard Heydrich am 9. Juni 1943 in der Berliner Neuen Reichskanzlei

und erinnerte an die „heldischen Gedanken von Stirb und Werde, die einstmals unser Volk beim Tode ihrer Liebsten bewegt haben". Heydrich sei als „Blutzeuge" der nationalsozialistischen Bewegung gestorben. Er werde nun „drüben in der anderen Welt" fortleben, inmitten der Bataillone toter SS-Männer und ewig im Geiste in unseren Reihen mitkämpfen. In kurzer Rede würdigte anschließend Hitler den Verstorbenen ebenfalls als einen „Blutzeugen" und verlieh ihm als höchste Auszeichnung des „Dritten Reichs" die oberste Rangstufe des Deutschen Ordens. Mit dem Lied vom Guten Kameraden, dem Deutschlandlied und dem „Horst-Wessel-Lied" endete die Gedenkfeier. Der Auszug der Trauergemeinde war mit Klängen aus Beethovens Eroica unterlegt. Anschließend wurde der mit Hakenkreuzfahne drapierte Sarg auf dem Invalidenfriedhof in Berlin-Mitte beigesetzt.[10]

Die Volkszählung von 1939 hatte etwa dreieinhalb Millionen „Gottgläubige" im Großdeutschen Reich registriert. Auch während der Kriegsjahre 1939 bis 1941 setzten sich die Kirchenaustritte zunächst auf relativ hohem Niveau fort. Diese Austritte waren zumeist Konversionen der jüngeren männlichen Generation zur nationalsozialistischen „Gottgläubigkeit". Aber mit ihren Lebensfeiern, den neuartigen Übergangsriten des neuen Glaubens bei Geburt, Eheschließung und Tod, kamen Partei und Staat nicht recht voran. Das neue religiöse Angebot wurde während der Kriegszeit nur in geringem Maße populär unter den NS-Gläubigen, obwohl im Amt Rosenberg wie auch in Goebbels' Ministerium und in Himmlers Forschungsunternehmen „Ahnenerbe" eigens eingerichtete Abteilungen mit der Popularisierung der NS-Feierkultur befasst waren und an einschlägigen Programmen arbeiteten. Die lebensgeschichtlichen Übergangsriten blieben auch zu Kriegszeiten eine von christlich-kirchlichem Brauchtum geprägte Domäne.[11]

Der neue NS-Glaube erodierte bereits zwei bis drei Jahre vor der militärischen Kapitulation. Spätestens mit den hohen Verlusten auf östlichen Kriegsschauplätzen seit 1942 und der Zunahme des Luftkriegs an der Heimatfront trat ein Zustand ein, der von den Machthabern weltanschaulich nicht mehr voll zu beherrschen war: Man trug zu viele zu Grabe und konnte den Hinterbliebenen den Sinn dieses Sterbens nicht mehr hinreichend erklären. Wohl nicht zuletzt wegen des allgegenwärtigen kriegsbedingten Massensterbens behaupteten sich christlich-religiöse Sinnstiftung und kirchliche Zeremonien. Die wiederholten und spürbar resignativen Tagebucheintragungen von Goebbels bestätigen diese Wende. In einer einschlägigen Notiz vom Oktober 1942 musste der Propagandaminister eingestehen,

> dass bei längerer Dauer des Krieges doch die Hinneigung des kleinen Publikums zu den Kirchen stärker geworden ist. Man sucht sich eben in der seelischen Ausweglosigkeit der gegenwärtigen Kriegslage irgend einen Ausweg, und da wir selbst an jenseitigen Werten nicht allzu viel zu bieten haben,

> flüchtet man eben selbst aus deutschgläubigen Kreisen zum Teil wieder zur Kirche zurück. Unsere religiösen Vorstellungen sitzen noch nicht tief genug, als dass sie dem Volke in diesem Kriege einen ausreichenden Trost und Halt geben könnten.[12]

Präzise flächendeckende Zahlenangaben über die Verbreitung der Lebensfeiern während der Kriegszeit fehlen indessen. Aber deutlich wird aus den wenigen verfügbaren Statistiken: Die von der Hitlerpartei projektierte religiöse Transformation der Deutschen stockte. Nach Lageberichten des Sicherheitsdienstes der SS vom Dezember 1943 gab es während der ersten Kriegsjahre lediglich vier Prozent nationalsozialistischer Geburtsfeiern („Namensweihe"), acht Prozent NS-Eheweihen, und weniger als ein Prozent aller Beerdigungen erfolgten nach nationalsozialistischem Ritus. Bemerkenswert hieran erscheint vor allem die eklatant geringe Inanspruchnahme von nationalsozialistischen Totenfeiern. Sie bestätigen, ungeachtet aller Propaganda vom heroischen deutschen Tod, die generelle Schwäche der religionsstifterischen Ambitionen der NS-Bewegung zu Kriegszeiten.[13] Die Teilnahmeziffern an außerkirchlichen NS-Lebensfeiern im Dekanatsbezirk Ansbach im Jahr 1943 beispielsweise und in Thüringen während des ersten Halbjahrs 1943 lagen bei ca. vier Prozent.[14]

Ursache für die „mangelnde Tiefenwirkung der nationalsozialistischen Lebensfeier", so kommentierte ein SD-Bericht vom August 1943, sei das „Fehlen jedes religiösen Moments". Während der (christliche) Geistliche alle Fragen zu Gott zu beantworten wisse, vermieden die nationalsozialistischen Redner geradezu ängstlich jede Stellungnahme zum Göttlichen:[15]

> Das religiöse Gefühl muß in den Teilnehmern angeregt werden, wenn man Erhebung und Erbauung erzielen will. Man muß diese Tage hoch über den Alltag erheben, wenn man

> ein Gegengewicht gegen die Kirchenfeiern schaffen will. Vor allem aber müssen sich diese Feiern auf Gott beziehen. Es ist falsch anzunehmen, dass man ohne Bezug auf höchste Werte, ohne Anrühren der Religiosität nachhaltige Eindrücke erregen kann. [...] Warum wagt man es nicht mehr, Gott zu erwähnen? Man behauptet doch, ihn in der Brust zu haben. Warum diese Verleugnung. Merkt man denn gar nicht, dass man Gott damit den Kirchen überlässt? Die Bewegung muß ihn an sich reißen. Der Führer ist nicht ohne Gott in seinen schweren Entscheidungen; wie will das Volk ohne Gott sein in seinen Feierstunden.

Auffallend an dieser beredten Mangelklage aus Kreisen der ideologischen Hardliner (Sicherheitsdienst der SS) ist eine vielfach bemühte Rhetorik des unbedingten „Müssens". Das war das – unfreiwillige – Eingeständnis eines offenkundigen Auseinanderklaffens von weltanschaulichem Anspruch auf die Seelen der Deutschen und dem tatsächlichen Verhalten großer Teile der „Volksgemeinschaft" angesichts des Massensterbens im Krieg.

Mit der postulierten „Endlösung der religiösen Frage" taten sich die kriegführenden Nationalsozialisten schwer. Es fehlte nicht an kontroversen Auffassungen zum weltanschaulichen Mega-Thema *Religion – Christentum – Kirchen*, wie die erwähnten Tagebücher und Gesprächsprotokolle selbst für die NS-Führungsriege belegen. Es herrschte Unklarheit, Unschlüssigkeit, Unsicherheit. Die vermeintlichen ‚Herren der Welt' behalfen sich zumeist damit, dass sie sich gegenseitig versicherten, diese dann angeblich letzte große Aufgabe des Nationalsozialismus nach dem militärischen „Endsieg" anzupacken. Einig war man sich indessen darin, dass das Christentum ein schädliches orientalisch-jüdisches Erbe sei und auf lange Sicht überwunden werden müsse zugunsten eines neuen, eines ‚artgemäßen' und nordisch-germanisch gegründeten deutschen Gottglaubens.

Protestanten, Katholiken und Holocaust

Öffentliche Rede

Am 6. Juni 1943 verkündete der Wuppertaler reformierte Theologe Helmut Hesse in öffentlicher Predigt:

> Als Christen können wir es nicht mehr länger ertragen, dass die Kirche in Deutschland zu den Judenverfolgungen schweigt. Was uns dazu treibt, ist das einfache Gebot der Nächstenliebe. Die Judenfrage ist eine evangelische und keine politische Frage. Die Kirche hat jedem Antisemitismus in der Gemeinde zu widerstehen. Dem Staat gegenüber hat die Kirche die heilsgeschichtliche Bedeutung Israels zu bezeugen und [gegen] jeden Versuch, das Judentum zu vernichten, Widerstand zu leisten. Nichtarier, ob Jude oder Christ, ist heute in Deutschland der unter die Mörder Gefallene.[1]

Zwei Tage später verhaftete die Gestapo Helmut Hesse und seinen Vater Hermann Albert Hesse, der an dem Gottesdienst mitgewirkt hatte. Der Haftgrund lautete, Hesse sei wiederholt in öffentlichen Gottesdiensten für die Juden eingetreten und habe für sie gebetet. Nach halbjähriger Gefängnishaft in Wuppertal wurden Vater und Sohn Hesse im November in das KZ Dachau eingeliefert. Dort verstarb der von langer Haftzeit gesundheitlich geschwächte junge Theologe Helmut Hesse am 24. November 1943 im Alter von 27 Jahren.[2]

Der reformierte Theologe Helmut Hesse (Wuppertal) im Jahr 1940

Helmut Hesse hatte sich bei seiner Predigt an Formulierungen des sogenannten Münchener Laienbriefs gehalten. Den ursprünglichen Text dieser Denkschrift hatte der Stuttgarter Pfarrer Hermann Diem verfasst und an einen Münchener Bibelarbeitskreis um den Verleger Albert Lempp weitergeleitet. Der Lempp'sche Arbeitskreis bat Landesbischof Hans Meiser, sich mit dieser dringenden Erklärung an die kirchliche Öffentlichkeit zu wenden. Meiser lehnte dieses Ansinnen unter Verweis auf seine Verantwortung als Leiter einer großen Landeskirche ab. Auch dem württembergischen Bischof Theophil Wurm lag der gefährliche Text vor. Öffentlichen Gebrauch machte er davon nicht.[3]

Helmut Hesse war, soweit bislang bekannt, der einzige Theologe beider christlichen Konfessionen, der so klar und öffentlich von der Kanzel zur Kriegszeit den grassierenden Antisemitismus und den Judenmord verurteilte. Er sprach diese Wahrheiten im fünften Kriegsjahr aus, zu einem Zeitpunkt also, als der Holocaust in vollem

Gange war. Letztlich bezahlte der gesundheitlich stets labile Theologe seinen Wagemut mit dem Leben. Gefährlich war die öffentliche Solidarität mit den Verfolgten von 1933 an, und das damit verbundene Risiko wuchs mit jedem Regimejahr. Von Beispielen mutiger Einzelpersonen wie der Pädagogin Elisabeth Schmitz, Verfasserin der kritischen Denkschrift zur Lage der deutschen „Nichtarier" (1935), und den Pfarrern Helmut Gollwitzer oder Julius von Jan während der „Kristallnacht" im November 1938 war bereits die Rede.[4]

Als durch Verordnung vom 1. September 1941 Juden, christlichen und anderen „Nichtariern" das Tragen des Judensterns zur Pflicht gemacht wurde, schwiegen wiederum die kirchlichen Institutionen. Nur mutige Einzelpersonen sprachen öffentlich und riskierten damit viel. Die Breslauer Stadtvikarin Katharina Staritz beispielsweise verfasste aus diesem Anlass ein Schreiben zur kirchlichen Betreuung evangelischer „Nichtarier", aufgrund dessen sie von ihrer Kirchenleitung vom Amt suspendiert und von 1942 bis 1943 durch die Gestapo für über ein Jahr inhaftiert wurde, zuletzt im Frauen-KZ Ravensbrück.[5] Statt die Sternträger aus dem Gemeindeleben zu verbannen, wie dies in etlichen evangelischen Kirchengemeinden geschah, wo deutschchristlicher Geist vorherrschte, solidarisierten sich einige Bekenntnisgemeinden wie Dahlem oder die Bremer Bekenntnisgemeinde um Pfarrer Gustav Greiffenhagen demonstrativ mit den Verfemten. Drei in Bremen an der Aktion beteiligte Lehrerinnen büßten daraufhin ihre Stellungen ein oder erhielten sie erst nach zermürbend langwierigen Rechtsstreitigkeiten wieder zurück.[6]

Holocaustwissen

Das Wissen um den Judenmord im Osten war im Laufe der Kriegsjahre weit in die Gesellschaft des „Dritten Reiches" vorgedrungen. Aus der maßgeblich durch Himmler und Heydrich gesteuerten SS-

Geheimaktion war durch zahlreiche Lecks und durch diverse andere Informationskanäle Wissen nach außen gelangt. Die geheime Staatsaktion war zu einem offenen Geheimnis geworden. Für den Kirchenbereich zeugen die scharfe Anklage im Münchener Laienbrief und die öffentliche Verkündung seiner Kernaussagen durch Helmut Hesse im Juni 1943 in Wuppertal davon. Zwar wussten längst nicht alle Deutschen bis Kriegsende genau Bescheid über das monströse Ausmaß des Judenmords, aber viele Zeitgenossen wussten etwas davon, sie kannten Details oder mancherlei Gerüchte. Eine wichtige Rolle bei der Wissensverbreitung spielten Augenzeugenberichte von Wehrmachtsoldaten.[7]

Ein präziser Augenzeugenbericht lag seit August 1942 durch den SS-Obersturmführer Kurt Gerstein vor. Als Beschäftigter im Hygiene-Institut der Waffen-SS in Berlin hatte Gerstein auf Anweisung des Reichssicherheitshauptamts Zyklon B an das Vernichtungslager Belzec geliefert, wo er Augenzeuge einer Vernichtung von 3000 Juden durch Auspuffgase wurde. Auch die Lager Majdanek und Treblinka hatte er bei dieser und weiteren Dienstreisen gesehen. Bei seiner Rückkehr nach Berlin im August 1942 informierte der – fraglos tief gläubige – evangelische Christ diverse kirchliche Amtsträger über den Massenmord an den Juden in den Vernichtungslagern. Eingeweiht waren unter anderem der ehemalige Generalsuperintendent der Kurmark Otto Dibelius und der reformierte Theologe Wilhelm Niesel, beide in Führungsgremien der Bekennenden Kirche tätig. Das gefährliche Wissen diffundierte. Auch im Dahlemer Pfarrhaus Niemöller wusste man inzwischen davon. Vermutlich über Dibelius gelangte das Wissen an andere Kirchenführer wie die süddeutschen Landesbischöfe Hans Meiser und Theophil Wurm. Die katholische Nuntiatur in Berlin indessen wies Gerstein als Überbringer dieses Wissens zurück. Vermittelt durch den Berliner Bischof Konrad Graf von Preysing gelangte die Kenntnis an den Vatikan. Sämtliche Kirchenführer und Institutionen beider Konfessionen, die informiert waren, verzichteten auf öffentlichen Protest auf der Grundlage dieses zuverlässigen Augenzeugenberichts über den systematischen Mord an Juden in den Vernichtungslagern des Ostens.[8]

Das kirchliche Holocaustwissen breitete sich aus. Im Bereich der katholischen Kirche war das Hilfswerk beim Bischöflichen Ordinariat Berlin, seit September 1941 unter Leitung von Margarete Sommer, ein zentraler Ort der Sammlung von Informationen über die Vernichtung. Dies geschah im Kontext der Betreuung katholischer „Nichtarier".[9] In zahlreichen Berichten an Kardinal Adolf Bertram in Breslau, den Vorsitzenden der Fuldaer Bischofskonferenz, und andere hohe Stellen forderte Sommer ihre Kirche zu öffentlich wirksamen Worten und Taten auf. Im August 1943 formulierte sie im Auftrag ihres Bischofs von Preysing Entwürfe für zwei Stellungnahmen der Fuldaer Bischofskonferenz. Insbesondere das zweite Schreiben über die „allen Menschenrechten Hohn sprechenden Evakuierungen der Nichtarier" machte deutlich, dass Sommer über den Judenmord im Osten informiert war und öffentliche Aufklärung forderte.[10]

In einem Schreiben vom 17. April 1944 an Generalvikar Maximilian Prange in Berlin beschwerte sich der in Breslau residierende Kardinal Bertram über das permanente Drängen der engagierten katholischen Fürsorgerin aus Berlin:

> Wiederholt erscheint bei mir in Sachen Nichtarier Frau Dr. Sommer als Angestellte Ihres Ordinariats mit Darbietung detaillierter Berichte über das den Mischlingen und Nicht-Arier-Familien geschehene Unrecht mit Behauptung, sie komme im Einvernehmen Ihres hochwürdigsten Herrn Bischofs. Ich soll dann alles, was sie bringt, als vollgültige Unterlage für Eingaben an höchste Behörden betrachten. Nun aber habe ich Grund, damit nicht zufrieden zu sein. Soll ich alle heißen Kohlen aus dem Feuer holen, dann darf ich bitten, die beteiligten Oberhirten wollen mit voller Unterschrift den Bericht als geprüft und richtig bezeichnen, so dass ich mich nötigenfalls auf den berichtenden Oberhirten amtlich beru-

> fen kann. Ich bitte das gütigst der Frau Dr. Sommer klar zu machen, da meine Mahnungen nicht helfen. Andernfalls kann ich ihren Besuch nicht mehr annehmen.[11]

Während das parallel arbeitende „Büro Pfarrer Grüber“[12], das kirchliche Hilfswerk für evangelische „Nichtarier“, Ende 1940 durch die Gestapo geschlossen und deren Leiter sowie Mitarbeiter inhaftiert und zum Teil deportiert und ermordet wurden, konnte die katholische Einrichtung ihre Tätigkeit, wenn auch unter Einschränkungen, bis Kriegsende fortführen. Obwohl sie bei ihrer Tätigkeit vielfach persönlich stark gefährdet war, blieb Margarete Sommer – im Unterschied zu ihrer gleich gesinnten katholischen Mitstreiterin Gertrud Luckner in Freiburg – von Inhaftierungen verschont.[13]

Eingabenpolitik

Sowohl katholische wie evangelische Kirchenführer verzichteten auf öffentlichen Protest gegen die Vernichtung der Juden. Öffentliche Rede von der Kanzel wie im Fall der Predigten des Münsteraner Bischofs von Galen gegen die Euthanasiemaßnahmen gab es nicht. Vorherrschender Modus der Reaktion auf das um sich greifende Wissen vom Judenmord war die vertrauliche Eingabenpolitik.[14] Unter den evangelischen Kirchenführern ragen die Einsprüche des württembergischen Bischofs Theophil Wurm hervor. In zwei Briefserien gegen Jahresende 1941 und 1943 – gerichtet unter anderen an Propagandaminister Goebbels, Reichskirchenminister Kerrl und Reichskanzler Hitler – protestierte der Bischof gegen eine generelle Religions- und Christenverfolgung und dabei auch gegen die offenkundig gewordene „Ausrottung“ der „Nichtarier“.[15]

Entscheidend war sein Brief vom 16. Juli 1943 an Hitler. „Im Namen Gottes und um des deutschen Volkes willen“, so heißt es in dem Schreiben,

> sprechen wir die dringende Bitte aus, die verantwortliche Führung des Reiches wolle der Verfolgung und Vernichtung wehren, der viele Männer und Frauen im deutschen Machtbereich ohne gerichtliches Urteil unterworfen werden. Nachdem die dem deutschen Zugriff unterliegenden Nichtarier in größtem Umfang beseitigt worden sind, muss auf Grund von Einzelvorgängen befürchtet werden, dass nunmehr auch die bisher verschont gebliebenen so genannten privilegierten Nichtarier erneut in Gefahr sind, in gleicher Weise behandelt zu werden. […] Diese Absichten stehen, ebenso wie die gegen die anderen Nichtarier ergriffenen Vernichtungsmaßnahmen, im schärfsten Widerspruch zu dem Gebot Gottes und verletzen das Fundament alles abendländischen Denkens und Lebens: das gottgegebene Urrecht menschlichen Daseins und menschlicher Würde überhaupt.[16]

Bischof Wurms Briefe blieben unbeantwortet. In einem letzten Schreiben vom 20. Dezember 1943 an den Chef der Reichskanzlei Hans Heinrich Lammers wurde er in seinen Formulierungen deutlicher: In Übereinstimmung mit weiten christlichen Volkskreisen müsse er erklären, dass „wir Christen diese Vernichtungspolitik gegen das Judentum als ein schweres und für das deutsche Volk verhängnisvolles Unrecht empfinden." Durch ein spätes Antwortschreiben vom März 1944 sprach Lammers in schärfstem Ton eine Verwarnung gegen den Landesbischof aus und forderte ihn auf, zukünftig Ausführungen zu Fragen der allgemeinen Politik zu unterlassen und sich peinlichst an die seinem Beruf gezogenen Grenzen zu halten.[17]

Entsolidarisierungen, Verfolgung, Mittäterschaften

Öffentlicher Protest von wenigen Einzelnen, vertraulich-diplomatische Eingabenpolitik von Kirchenführern beider Konfessionen und vor allem das notorisch weit verbreitete christliche Schweigen waren nicht die einzigen Reaktionen auf Verfolgung und Judenmord. Es gab seit Kriegsbeginn im Kirchenbereich ebenso neue Zeichen der Entsolidarisierung gegenüber Juden bis hin zur aktiven Teilnahme von Theologen an Verfolgungsmaßnahmen. Christliche Komplizen, Kollaborateure und direkte Mittäter aus beiden Konfessionen waren an dem bösen Geschehen beteiligt.[18]

Etliche Kirchengemeinden schlossen christliche „Nichtarier" vom Gemeindeleben aus. Die Deportationen seit 1940 wurden überwiegend untätig und schweigend hingenommen. Taufen von konversionswilligen Juden wurden von radikalen Deutschen Christen in ihren Gemeinden abgelehnt. Den christlichen Sternträgern war seit 1941 in manchen Kirchengemeinden untersagt, am sonntäglichen Gottesdienst teilzunehmen. Ihre Beisetzung auf den kirchlichen Friedhöfen wurde erschwert, behindert, gelegentlich versagt. Alle diese und weitere Exklusionen betrafen Christen jüdischer Herkunft im Kirchenbereich. Wie stets geschahen alle diese Maßnahmen bei Protestanten häufiger als bei Katholiken, denn die nationalsozialistische Durchdringung des protestantischen Milieus griff entschieden tiefer als bei den Katholiken.[19]

Aktive Beiträge zur diskriminierenden Ausgrenzung hatten seit 1933 alle evangelischen und katholischen Gemeinden durch Ausstellung von Urkunden für den Ariernachweis geliefert. Evangelische Geistliche wie der Berliner Pfarrer Karl Themel unterstützten die rassistische Ausgrenzung durch eigene kirchliche Sippenforschungen. In einer Bilanz zum fünfjährigen Bestehen der von ihm geleiteten Kirchenbuchstelle Alt-Berlin hatte Themel im Dezember 1941 über seine rassenkundlichen „Feststellungen" unter den evangelischen Christen Berlins berichtet. Ähnliche Unternehmungen gab es in anderen Landeskirchen, mit besonders extremer Ausprägung in der deutschchristlich geführten Landeskirche Mecklenburg, wo der fanatische NS-Pfarrer Edmund Albrecht eine kirchliche Einrichtung in Schwerin mit der offiziellen Bezeichnung „Mecklenburgische Sippenkanzlei" führte.[20]

Ähnlich wie während der Pogromereignisse vom November 1938 finden sich einige Theologen, wiederum mehr Protestanten als Katholiken, die dem Vernichtungsgeschehen im Osten persönlich sehr nahe kamen und teils aktiv am Judenmord beteiligt waren. Unter den Wehrmachtseelsorgern an östlichen Kriegsfronten fehlte es nicht an Theologen, die als Augen- oder Ohrenzeugen des Holocaust das Mordgeschehen mehr oder weniger verständnisvoll zur Kenntnis nahmen und kommentierten. Erwähnt sei nur der Leipziger Kirchenhistoriker Hermann Wolfgang Beyer, der als aktiver Wehrmachtsoldat am Krieg teilnahm und dessen Kriegstagebücher diesen Sachverhalt belegen. Beyer verachtete das „Ostjudentum", das er in seinen Tagebüchern in der rassistischen Sprache der Nationalsozialisten schildert. Die Judenvernichtung hinter der Ostfront fand bei ihm „grundsätzliche Anerkennung".[21]

Der aus der preußischen Provinz Posen stammende evangelische Theologe Dr. Walter Hoff trat 1930 sein Amt als Pfarrer an der Luisen-Gemeinde in Berlin-Charlottenburg an, wo er sich sofort als fanatischer Parteigenosse hervortat. Als radikaler Deutscher Christ und Konsistorialrat amtierte er in der stark nazifizierten Hauptstadtkirche von 1934 bis 1936 in der Kirchenleitung der preußischen Kirchenprovinz Mark Brandenburg. Seit 1936 trat er als Propst von Berlin-Cölln eine Pfarrstelle an der St. Petri-Gemeinde im Zentrum der Reichshauptstadt an. Im Krieg auf östlichen Kriegsschauplätzen eingesetzt, pflegte er bei Heimaturlaub das Konsistorium, seine alte Wirkungsstätte, in Uniform aufzusuchen. Er rühmte sich dabei seiner Heldentaten im Kampf gegen „Bolschewisten", „Partisanen", „Juden".

Pfarrer Walter Hoff anlässlich einer SA-Standartenweihe im Herbst 1932

Ende September 1943, inzwischen auf Dauer in Berlin zurück, nahm er in einem Schreiben an Oberkonsistorialrat Horst Fichtner, den Geistlichen Leiter des Konsistoriums, heftigen Anstoß an einem angeblich viel zu christlich-milde und wenig kriegerisch gestimmten Rundschreiben Fichtners an die „Brüder" im Felde. Dabei brüstete sich Propst Hoff mit seinem beispielhaften Kriegseinsatz. Er selbst habe eigenhändig an der Liquidation von einigen hundert Juden im Osten mitgewirkt.[22] Unmittelbare Folgen hatte diese Selbstbezichtigung für Propst Hoff nicht. Bis kurz vor Kriegsende amtierte er weiter an herausgehobener Stelle in der Hauptstadtkirche, bevor er sich mitsamt seiner kinderreichen Familie durch Flucht in den Westen allen Konsequenzen entzog. Nachdem ihm die Rechte des Geistlichen Standes zunächst aberkannt worden waren, stritt er nun unter dem Etikett ‚heimatvertriebener Ostpfarrer' mit großer Ausdauer und schließlich erfolgreich um vollständige Rehabilitierung und ein angemessenes kirchliches Ruhegehalt.[23]

*

Unter dem Eindruck der Novemberpogrome hatte Elisabeth Schmitz in ihrem Brief vom 24. November 1938 an Helmut Gollwitzer geschrieben: Es gingen Gerüchte um, die „Nichtarier" mit einem Zeichen an der Kleidung zu versehen. Im vergangenen Sommer habe man die jüdischen Geschäfte gekennzeichnet. Sie seien nun zerstört worden. Ginge man jetzt dazu über, die Menschen zu bezeichnen, so läge eine Schlussfolgerung nahe, die sie an dieser Stelle nicht weiter präzisieren wolle. Seit September 1941 wurden „Nichtarier" zum Tragen des Judensterns verpflichtet. Die von Schmitz angedeutete aber vorsichtshalber nicht ausgesprochene Schlussfolgerung trat nun ein.

Die Vernichtung fand statt. Sie wurde aus einer christlichen Gesellschaft heraus vollzogen. Protagonisten und Hauptakteure des Genozids stammten aus christlichen Familien, waren indessen Anhänger eines „neuen Glaubens" geworden, den sie nationalsozialistische

„Weltanschauung" nannten. Diese „Weltanschauung" trug, insbesondere in ihren wahnhaften Steigerungen zur Kriegszeit, auch eine religiöse Dimension. Positiv formuliert bekannten sich deren Protagonisten zu einem völkisch-rassisch motivierten deutschen Gottglauben, der in ihren Augen das Judentum als Volk und Religion auslöschen und das Christentum als nicht ‚artgemäße' Religion der Deutschen ablösen sollte. Judentum und Juden war im Kontext dieses „neuen Glaubens" der religiöse Ort des Bösen schlechthin zugewiesen. Es war schließlich die Kombination von Kriegssituation – mit der selbsterzeugten NS-Wahnvorstellung, die Juden seien Drahtzieher und Hauptkriegsgegner – und einem fanatisch gesteigerten Erlösungsantisemitismus, die das ungeheure Geschehen für die meisten Protagonisten und Täter des Holocaust plausibel machte: Die Vernichtung von Judentum als Religion und Juden als Volk erschien ihnen im Kontext ihres neureligiösen Wahnglaubens als notwendige, als eine richtige oder gute Tat. Man kann davon ausgehen, dass selbst unter der Majorität der Millionen von NSDAP-Parteimitgliedern, die eher zu den traditionalistischen christlichen Nationalsozialisten zählten, eine solche monströse Tat keine Billigung gefunden hätte. Aber das Wissen um den Holocaust blieb selbst in der Hitlerpartei und allemal in der Kriegsgesellschaft des „Dritten Reiches" partiell, bruchstückhaft, unvollständig. Wer hier oder da von den Judentötungen gehört hatte oder gar Augenzeuge von einzelnen Mordaktionen war, kannte damit noch nicht die ungeheure Dimension des verbrecherischen Geschehens.

Die mehrheitlich christliche Gesellschaft der Kriegszeit stand gegen den Massenmord nicht auf. Einen Aufschrei wagten nur gut Informierte, und von diesen wiederum nur sehr wenige Vereinzelte wie Helmut Hesse. Auch für viele andere Männer und Frauen des Widerstands war letztendlich die Kenntnis vom Judenmord ein ausschlaggebendes Moment, sich der Regimeopposition anzuschließen. Das gilt sicher auch für viele Verschwörer des 20. Juli 1944. Die Mehrheit der Deutschen mied das gefährliche Wissen, das sich gleichwohl in der Kriegsgesellschaft ausbreitete.

Ausblick auf das 20. Jahrhundert

Wer in historischer Perspektive auf die Geschichte der Deutschen im 20. Jahrhundert schaut, kommt um dieses Resümee nicht umhin: Die Zeit des Nationalsozialismus war *nicht* eine Zeit beschleunigter Säkularisierung, wie oft behauptet worden ist, sondern vielmehr eine Epoche, die im Zeichen einer Rückkehr des Religiösen stand. Man erkennt das bereits an der gemeinsamen Genugtuung von Christen, Konservativen, Deutschnationalen, Völkischen und Nationalsozialisten über das Ende der „Gottlosenrepublik" von Weimar. Dieses gemeinsame Empfinden verband sie im Jahr 1933, jedenfalls viele von ihnen, und ließ das politische Wendejahr für sie zu einem Jubeljahr werden.

Kennzeichnend für den nun mit Macht einsetzenden politischen und kulturellen Umbruch waren nicht zuletzt religiöse Intensivierungen und Neuschöpfungen. Überaus charakteristisch war für viele Deutsche im „Dritten Reich" ein christlich wie nationalreligiös bestimmter Doppelglauben, die Entfaltung multipler oder hybrider Gläubigkeiten. In unterschiedlich komponierten religiösen Gemengelagen mischten sich bei vielen Zeitgenossen christliche Glaubens- und Traditionsbestände mit einem deutschen Gottglauben. Man wollte irgendwie christlich bleiben und bekannte sich zugleich in gläubiger Emphase zum Nationalsozialismus. Viele Konservative wie Nationale, viele Völkische und eine Majorität von Nationalsozialisten hingen, wenn auch in unterschiedlichen Ausprägungen, einem solchen neudeutschen Doppelglaube an.

Glaube, Bekenntnis und Konfession, überhaupt „das Religiöse" in vielerlei Schattierungen, waren seit 1933 heftig debattierte Themen und umstrittene Haltungen. Sie beschäftigten die meisten

Deutschen während des „Dritten Reiches" mehr als zuvor oder danach im 20. Jahrhundert. Insofern erscheint es angemessen, von „gläubigen Zeiten" zu sprechen. Auch der während der Kriegsjahre 1939 bis 1945 immer vehementer hervortretende, wahnhafte Züge annehmende Antisemitismus der nationalsozialistischen Führungskreise, der den Krieg zum ‚Krieg gegen das Judentum' und den ‚Sieg über die Juden' – letztlich deren physische Vernichtung – zur großen, heroischen Tat erklärte, ist nur im Kontext eines radikalisierten religiösen Fanatismus zu verstehen.

Von der Jahrhundertwende um 1900 her gesehen und besonders vor dem Hintergrund der säkularen Epoche der Weimarer Republik betrachtet, steht die Etablierung nationalsozialistischer Herrschaft für Zeitenkehre und Gegenzeit. Die mit ihr einhergehende religionsgeschichtliche Trendumkehr geschah indessen nicht im Sinne einer Rechristianisierung, wie dies die großen christlichen Konfessionen, inspiriert vom *religious revival* um 1933, erhofften. Der um 1933 von vielen Akteuren des „nationalen Aufbruchs" antizipierte, antiwestliche und antiliberale, den Traditionen der europäischen Aufklärung abgewandte, autoritäre „christliche Staat" wurde auf grausame Weise verfehlt. Auch die Idee eines „christlichen Nationalsozialismus", mit der sich viele doppelgläubige protestantische und katholische Deutsche sehr gut hätten arrangieren können, erwies sich als Illusion. Diverse individuelle Versuche, durch parteipolitische Partizipationen („Mitmachen") die NS-Bewegung von innen her im christlichen Sinn zu läutern, zu mäßigen oder irgendwie zu ‚bessern' – alle diese Versuche scheiterten eklatant. Man hat nicht, wie nach dem Krieg zum Zweck der persönlichen Exkulpation vielfach behauptet, Schlimmeres verhindern können mit dieser Strategie. Zudem handelte es sich bei der postnationalsozialistischen Geltendmachung eines solchen Motivs in den meisten Fällen nicht wirklich um eine Strategie, sondern vielmehr um den Versuch einer nachträglichen Rechtfertigung eigenen Verhaltens. Tatsächlich war „das Schlimmere" zu jedem gegebenen Zeitpunkt zwischen 1933 und 1945 bereits geschehen, und es geschah weiterhin bis Kriegsende.

Der mit der nationalsozialistischen Bewegung einhergehende völkische Neuglaube, die politische Religion des Nationalsozialismus, die Hitler und Deutschtum sakralisierte, belebte das religiöse Geschäft zwar einerseits, erwies sich aber zugleich als existenziell gefährlicher, mächtiger Konkurrent im heftig angefachten religiösen Wettbewerb um die Seelen der Deutschen. So bleibt am Ende lediglich diese Einsicht: Die Performance der allzu gläubigen Deutschen in der Epoche des „Dritten Reiches" ist eine lehrreiche historische Lektion über die gefährlichen Ambivalenzen des Religiösen.

Anhang

Abkürzungsverzeichnis

ADG	Arbeitsgemeinschaft Deutsche Glaubensbewegung
BDM	Bund Deutscher Mädel
BK	Bekennende Kirche
DAZ	Deutsche Allgemeine Zeitung
DC	Deutsche Christen
DEK	Deutsche Evangelische Kirche
DEKA	Deutscher Evangelischer Kirchenausschuss
DG	Deutsche Glaubensbewegung
DNVP	Deutschnationale Volkspartei
EKD	Evangelische Kirche in Deutschland
EZA	Evangelisches Zentralarchiv Berlin
HJ	Hitler-Jugend
Lic.	Licentiat (der Theologie)
NDB	Neue Deutsche Biographie
NS	Nationalsozialismus, nationalsozialistisch
NSDStB	Nationalsozialistischer Deutscher Studentenbund
Phil. Diss.	Philosophische Dissertation
Röm	Römer (Brief des Paulus)
SD	Sicherheitsdienst (der SS)
VKL	Vorläufige Kirchenleitung (der BK)
ZfG	Zeitschrift für Geschichtswissenschaft

Anmerkungen

Begriffe, Fragen und Probleme

1 Eine verbindliche Definition von „Religion“ existiert in den einschlägigen Forschungsdisziplinen (Theologie, Religionswissenschaft, Geschichtswissenschaft, Religionssoziologie) nicht. Unter „Religion“ soll hier in pragmatischer Weise gemeinschaftlicher Glaube an Gott oder Götter (oder an analoge transzendentale Größen, Mächte oder Kräfte) verstanden werden. Auch säkulare Größen wie „Volk“ oder „Nation“ können unter besonderen historischen Umständen sakralisiert und zum Gegenstand religiöser Heiligung und Verehrung werden. „Religiosität“ meint angewandte, gelebte Religion von einzelnen Personen oder Personengruppen.

2 Als Auswahl wichtiger jüngerer Studien (Monografien und Sammelbände) zur NS-Epoche seien genannt: Hans-Ulrich Wehler, Deutsche Gesellschaftsgeschichte, Bd. 4: Vom Beginn des Ersten Weltkriegs bis zur Gründung der beiden deutschen Staaten 1914–1949, München 2003; Richard J. Evans, Das Dritte Reich, 3 Bde., München 2004–2007; Dietmar Süß/Winfried Süß (Hg.), Das „Dritte Reich“. Eine Einführung, München 2008; Michael Grüttner, Das Dritte Reich 1933–1939 (Gebhardt: Handbuch der deutschen Geschichte, Bd. 19), Stuttgart 2014; Shelley Baranowski/Armin Nolzen/Claus-Christian W. Szejnmann (Hg.), A Companion to Nazi Germany, Hoboken (USA) und Chichester (GB) 2018.

3 Nach der Volkszählung vom Juni 1939 gehörten noch ca. 94 Prozent der Einwohner des Großdeutschen Reiches den beiden großen christlichen Konfessionen an; vgl. hierzu: Volkszählung. Die Bevölkerung des Deutschen Reichs nach den Ergebnissen der Volkszählung 1939. Heft 3: Die Bevölkerung des Deutschen Reichs nach der Religionszugehörigkeit, Berlin 1942, Tab. 1, S. 8f.

4 Jürgen W. Falter, Hitlers Wähler, München 1991; zur Mitgliederentwicklung: ders., Hitlers Parteigenossen. Die Mitglieder der NSDAP 1919–1945, Frankfurt am Main/New York 2020. Zur Religiosität der

Partei: Armin Nolzen, Nationalsozialismus und Christentum. Konfessionsgeschichtliche Befunde zur NSDAP, in: Manfred Gailus/Armin Nolzen (Hg.), Zerstrittene „Volksgemeinschaft". Glaube, Konfession und Religion im Nationalsozialismus, Göttingen 2011, S. 151–179; Klaus Vondung, Deutsche Wege zur Erlösung. Formen des Religiösen im Nationalsozialismus, München 2013.

5 Vgl. hierzu Gailus/Nolzen (Hg.), Zerstrittene „Volksgemeinschaft"; Olaf Blaschke/Thomas Großbölting (Hg.), Was glaubten die Deutschen zwischen 1933 und 1945? Religion und Politik im Nationalsozialismus, Frankfurt am Main 2020.

1933 als religiöses Erlebnis

1 Zum „Tag von Potsdam" s. Werner Freitag, Nationale Mythen und kirchliches Heil. Der „Tag von Potsdam", in: Westfälische Forschungen 41, 1991, S. 379–430; Hartmut Fritz, Otto Dibelius. Ein Kirchenmann in der Zeit zwischen Monarchie und Diktatur, Göttingen 1998, S. 384–406; Manfred Gailus, Ein großes, freudiges „Ja" und ein kleines, leicht überhörbares „Nein". Der „Tag von Potsdam" (21. März 1933) und die Kirchen, in: ders. (Hg.), Täter und Komplizen in Theologie und Kirchen 1933–1945, Göttingen 2015, S. 32–50. Neuerdings mit neuen Forschungsergebnissen: Matthias Grünzig, Für Deutschtum und Vaterland. Die Potsdamer Garnisonkirche im 20. Jahrhundert, Berlin 2017, S. 141–179.

2 Dokumentation des Predigttextes: Otto Dibelius, Artikel „Ein Reich, ein Volk, ein Gott", in: Das Evangelische Deutschland, Nr. 13 vom 26.3.1933.

3 Vgl. Adolf Hitler, Rede bei der Eröffnung des neu einberufenen Reichstags, 21. März 1933, in: Verhandlungen des Reichstags. VIII. Wahlperiode 1933, Bd. 457, Berlin 1934, S. 6–10. Zur Zeremonie in der Garnisonkirche: Grünzig, Potsdamer Garnisonkirche, S. 167–173.

4 Vgl. Otto Dibelius, Wochenschau, in: Berliner Evangelisches Sonntagsblatt vom 2.4.1933.

5 Zur protestantischen Wahrnehmung der Weimarer Republik s. Klaus Scholder, Die Kirchen und das Dritte Reich. Bd. I: Vorgeschichte und Zeit der Illusionen 1918–1934, Frankfurt am Main/Berlin 1977, S. 26–64; Kurt Nowak, Evangelische Kirche und Weimarer Republik. Zum politischen Weg des deutschen Protestantismus zwischen 1918

und 1932, Göttingen 1981; Olaf Blaschke, Die Kirchen und der Nationalsozialismus, Stuttgart 2014, S. 41–73.

6 Für Berlin s. Manfred Gailus, Protestantismus und Nationalsozialismus. Studien zur nationalsozialistischen Durchdringung des protestantischen Sozialmilieus in Berlin, Köln/Weimar/Wien 2001, S. 29–40; für Hamburg: Victoria Overlack, Zwischen nationalem Aufbruch und Nischenexistenz. Evangelisches Leben in Hamburg 1933–1945, München/Hamburg 2007, S. 40–44.

7 Vgl. Jochen-Christoph Kaiser, Arbeiterbewegung und organisierte Religionskritik. Proletarische Freidenkerverbände in Kaiserreich und Weimarer Republik, Stuttgart 1981, S. 333. Hierzu auch der Bericht: „Ich möchte wieder eintreten!" Eine evangelische Beratungsstelle im Freidenkerhaus, in: Das Evangelische Berlin, Nr. 21 vom 21.5.1933.

8 Betroffen waren in Berlin-Neukölln beispielsweise die Sozialdemokraten Oberstudiendirektor Fritz Karsen und Stadtschulrat Kurt Löwenstein, beide jüdischer Herkunft. Vgl. zum Ganzen Hans-Rainer Sandvoß, Widerstand in Neukölln, Berlin 1990, S. 229–234; ferner: Gert Radde, Fritz Karsen. Ein Berliner Schulreformer der Weimarer Zeit, Frankfurt am Main 1999 (2. erw. Aufl.); Kay Schweigmann-Greve, Kurt Löwenstein. Demokratische Erziehung und Gegenwelterfahrung, Berlin 2016.

9 Bücherverbrennung: Akademie der Künste Berlin (Hg.), „Das war ein Vorspiel nur ...". Bücherverbrennung Deutschland 1933: Voraussetzungen und Folgen, Berlin/Wien 1983; Erich Kästner, Bei Verbrennung meiner Bücher, in: Rudolf Walter Leonhardt (Hg.), Kästner für Erwachsene, Frankfurt am Main 1966, S. 138; Volker Weidermann, Das Buch der verbrannten Bücher, München 2008.

10 Vgl. Jürgen Telschow, Ringen um den rechten Weg. Die evangelische Kirche in Frankfurt am Main zwischen 1933 und 1945, Darmstadt 2013, S. 69f. Es handelte sich um Pfarrer Otto Fricke, der 1933 zunächst den Deutschen Christen angehörte, sich jedoch bereits im September 1933 dem Pfarrernotbund und später der Bekennenden Kirche anschloss.

11 Diese und zahlreiche weitere Verlautbarungen sind dokumentiert in: Kurt Dietrich Schmidt (Hg.), Die Bekenntnisse und grundsätzlichen Äußerungen zur Kirchenfrage des Jahres 1933, Bd. 1, Göttingen 1934; desgl. Bd. 2 für 1934, Göttingen 1935; desgl. Bd. 3 für 1935, Göttingen 1936 (fortan Schmidt, Bekenntnisse 1–3).

12 Eine Fülle von Angaben zur zeitgenössischen religiösen Literatur enthält die Bibliografie in: Walter Künneth/Helmuth Schreiner (Hg.), Die Nation vor Gott. Zur Botschaft der Kirche im Dritten Reich, Berlin 1937 (5. Auflage), S. 501–506.

13 Sämtliche Angaben nach Schmidt, Bekenntnisse 1 und 2; zahlreiche Studien zu den völkischen Bewegungen und Bekenntnissen 1933–1945 in: Uwe Puschner/Clemens Vollnhals (Hg.), Die völkisch-religiöse Bewegung im Nationalsozialismus. Eine Beziehungs- und Konfliktgeschichte, Göttingen 2012. Von einer auffallend „religionsproduktiven Zeit" im hier verstandenen Sinn spricht in seinem Handbuchartikel auch: Christoph Auffarth, Drittes Reich, in: Lucian Hölscher/Volkhard Krech (Hg.), Handbuch Religionsgeschichte 20. Jahrhundert – Epochen und Themen (= Handbuch der Religionsgeschichte im deutschsprachigen Raum, Bd. 6,1), Paderborn 2015, S. 113–134.

14 Vgl. Schmidt, Bekenntnisse 1, Einleitung S. 7–16, Zit. S. 7.

15 Kurt Dietrich Schmidt: geb. 1896 Uthlede (Kreis Cuxhaven); Theologiestudium Göttingen, 1923 Lic. theol. und 1924 Habilitation Göttingen; 1929–1935 theologische Professur Kiel; führendes Mitglied der Bekennenden Kirche in Schleswig-Holstein; 1935 Dienstentlassung; 1936–1948 Dozent am Missionsseminar Hermannsburg; seit 1953 Prof. an der Ev. Fakultät der Universität Hamburg; 1955 Begründer und erster Vorsitzender der EKD-Kommission zur Erforschung des Kirchenkampfes der NS-Zeit; verst. 1964 in Hamburg.

16 Für Schöneberg: Evangelium im Dritten Reich, Nr. 34 vom 20.8.1933, Beilage für Groß-Berlin; für Tempelhof: Eberhard Funk, Die evangelische Kirchengemeinde Berlin-Tempelhof 1933–1945, in: Manfred Gailus (Hg.), Kirchengemeinden im Nationalsozialismus. Sieben Beispiele aus Berlin, Berlin 1990, S. 169–201, hier S. 175.

17 Vgl. zur Sammeltaufe: Evangelium im Dritten Reich, Nr. 52 vom 24.12.1933, Beilage für Groß-Berlin.

18 Zur „Volksmission" als einem mobilisierenden protestantischen Zauberwort der 1920er und 1930er Jahre, insbesondere in der Deutsche Christen-Bewegung s. Siegfried Hermle, Zum Aufstieg der Deutschen Christen. Das „Zauberwort" Volksmission im Jahre 1933, in: Zeitschrift für Kirchengeschichte 108, 1997, S. 309–341; neuerdings auch: Henning Bühmann, Die Stunde der Volksmission. Rechristianisierungsbestrebungen im deutschen Protestantismus in der Zwischenkriegszeit, Göttingen 2020.

19 Zur katholischen Performance im Jahr 1933 s. Scholder, Die Kirchen 1, S. 300–321, S. 482–524; Blaschke, Die Kirchen, S. 88–97; Thomas Brodie, German Catholicism at War, 1939–1945, Oxford 2018, S. 23–30. Jetzt auch Blaschke/Großbölting (Hg.), Was glaubten die Deutschen (darin bes. die Beiträge von Markus Raasch, Klaus Große Kracht und Holger Arning).

20 Zur Nationalsynode in Wittenberg s. Scholder, Die Kirchen 1, S. 623–626; Lutherjubiläum: Björn Küllmer, Die Inszenierung der protestantischen Volksgemeinschaft. Lutherbilder im Jahr 1933, Berlin 2012; Hansjörg Buss, Der Deutsche Luthertag 1933 und die Deutschen Christen, in: Kirchliche Zeitgeschichte 26, 2013, S. 272–288; Stiftung Topographie des Terrors und Gedenkstätte Deutscher Widerstand (Hg.), „Überall Luthers Worte ...“. Martin Luther im Nationalsozialismus, Berlin 2017, S. 39–63.

21 Bruno Marquardt, Ein Jahr der Größe. Silvestergedanken 1933, in: Evangelium im Dritten Reich, Nr. 53, 31.12.1933.

22 Vgl. Thomas Nipperdey, Religion im Umbruch. Deutschland 1870–1918, München 1988, S. 143–153.

Die Protestanten – ein vielstimmiger, dissonanter Chor

1 Zum Vormarsch der völkischen DC um 1933: Scholder, Die Kirchen 1, bes. S. 239–274, 355–481; Doris L. Bergen, Twisted Cross. The German Christian Movement in the Third Reich, Chapel Hill 1996; Manfred Gailus, Protestantismus und Nationalsozialismus. Studien zur nationalsozialistischen Durchdringung des protestantischen Sozialmilieus in Berlin, Köln/Weimar/Wien 2001; Oliver Arnhold, „Entjudung“ – Kirche im Abgrund. Die Thüringer Kirchenbewegung Deutsche Christen 1928–1939 und das „Institut zur Erforschung und Beseitigung des jüdischen Einflusses auf das deutsche kirchliche Leben“ (1939–1945), Berlin 2010; Hansjörg Buss, „Entjudete“ Kirche. Die Lübecker Landeskirche zwischen christlichem Antijudaismus und völkischem Antisemitismus (1918–1950), Paderborn 2011; Christoph Picker u. a. (Hg.), Protestanten ohne Protest. Die evangelische Kirche der Pfalz im Nationalsozialismus, 2 Bde., Speyer/Leipzig 2016; Ulrich Peter, Lutherrose und Hakenkreuz. Die Deutschen Christen und der Bund der nationalsozialistischen Pastoren in der evangelisch-lutherischen Kirche Mecklenburgs, Kiel 2020.

2 Sämtliche Zitate aus: Siegfried Nobiling, o. T. [= Stellungnahme zum Nationalsozialismus], in: Leopold Klotz (Hg.), Die Kirche und das dritte Reich, Bd. 2, Gotha 1932, S. 79–85; zur Biografie auch Gailus, Protestantismus und Nationalsozialismus, S. 422–426.

3 Vgl. Joachim Hossenfelder, Unser Kampf, Berlin 1933, S. 16f.; zur Biografie Gailus, Protestantismus und Nationalsozialismus, S. 416–422.

4 Vgl. zu Hirsch: Robert P. Ericksen, Theologen unter Hitler. Das Bündnis von evangelischer Dogmatik und Nationalsozialismus, München 1986, S. 167–267; Heinrich Assel, Emanuel Hirsch. Völkisch-politischer Theologe der Luther-Renaissance, in: Manfred Gailus/Clemens Vollnhals (Hg.), *Für ein artgemäßes Christentum der Tat.* Völkische Theologen im „Dritten Reich", Göttingen 2016, S. 43–67; zu Grundmann vgl. Susannah Heschel, The Aryan Jesus. Christian Theologians and the Bible in Nazi Germany, Princeton 2008; Arnhold „Entjudung", Bd. 1, S. 124–146; zu Kittel jetzt: Manfred Gailus/Clemens Vollnhals (Hg.), Christlicher Antisemitismus im 20. Jahrhundert. Der Tübinger Theologe und „Judenforscher" Gerhard Kittel, Göttingen 2020.

5 Vgl. hierzu Eberhard Röhm/Jörg Thierfelder, Juden – Christen – Deutsche, Bd. 3/II: 1938–1941, Stuttgart 1995, bes. S. 55–71; vielfach belegt auch in den Beiträgen des Sammelbands Gailus/Vollnhals (Hg.), Völkische Theologen.

6 Vgl. zur Horst-Wessel-Ehrung durch Pfarrer und in Kirchen: Manfred Gailus, Vom Feldgeistlichen des Ersten Weltkriegs zum politischen Prediger des Bürgerkriegs. Kontinuitäten in der Berliner Pfarrerfamilie Wessel, in: ZfG 50, 2002, H. 9, S. 773–803, bes. S. 797–800.

7 Vgl. für zahlreiche Beispiele: Bergen, Twisted Cross; Gailus, Protestantismus und Nationalsozialismus, bes. S. 89–196.

8 Zur 1. Reichsbekenntnissynode in Barmen s. Klaus Scholder, Die Kirchen und das Dritte Reich. Bd. 2: Das Jahr der Ernüchterung 1934 – Barmen und Rom, Frankfurt am Main/Berlin 1985, S. 173–219; Thomas Martin Schneider, Wem gehört Barmen? Das Gründungsdokument der Bekennenden Kirche und seine Wirkungen, Leipzig 2017, S. 40–63; Wortlaut der Theologischen Erklärung ebd., S. 155–160.

9 Ausf. zu diesem Ereignis: Gailus, Protestantismus und Nationalsozialismus, S. 229–235.

10 Zu vergleichbaren erbitterten Kämpfen zwischen DC und BK in gespaltenen Kirchengemeinden in Berlin s. Gailus, Protestantismus und Nationalsozialismus, S. 228–306; zu den reichsweiten Kirchenkämpfen in den 28 Landeskirchen s. Manfred Gailus/Wolfgang Krogel (Hg.), Von der babylonischen Gefangenschaft der Kirche im Nationalen. Regionalstudien zu Protestantismus, Nationalsozialismus und Nachkriegsgeschichte 1930 bis 2000, Berlin 2006.

11 Vgl. Gailus, Protestantismus und Nationalsozialismus, S. 306–371; S. 584–636.

12 Ausf. hierzu ebd., bes. S. 372–415.

13 Vgl. hierzu ebd., bes. S. 132–137.

14 Zu den Mannschaften des Kirchenkampfes s. für die DC Bergen, Twisted Cross; für den Vergleich DC und BK: Gailus, Protestantismus und Nationalsozialismus, bes. S. 284–306; ders./Clemens Vollnhals (Hg.), Mit Herz und Verstand. Protestantische Frauen im Widerstand gegen die NS-Rassenpolitik, Göttingen 2013; Olaf Blaschke, „Wenn irgendeine Geschichtszeit, so ist die unsere eine Männerzeit". Konfessionsgeschichtliche Zuschreibungen im Nationalsozialismus, in: Gailus/Nolzen (Hg.), Zerstrittene „Volksgemeinschaft", S. 34–65.

15 Vgl. Manfred Gailus, Keine gute Performance. Die deutschen Protestanten im „Dritten Reich", in: ders./Nolzen (Hg.), Zerstrittene „Volksgemeinschaft", S. 96–121; mit ähnlichen Bewertungen: Blaschke, Die Kirchen. Zu den mutigen Einzelpersonen, die widerstanden: Eberhard Bethge, Dietrich Bonhoeffer. Eine Biographie, Gütersloh 1967; Peter Noss, Martin Albertz (1883–1956). Eigensinn und Konsequenz. Das Martyrium als Kennzeichen der Kirche im Nationalsozialismus, Neukirchen-Vluyn 2001; Manfred Gailus, „Mir aber zerriss es das Herz". Der stille Widerstand der Elisabeth Schmitz, Göttingen 2010; Gailus/Vollnhals (Hg.), Protestantische Frauen.

Ein vergleichender Blick auf die Katholiken

1 Generell zur katholischen Performance im „Dritten Reich": Scholder, Die Kirchen 1 und 2; Heinz Hürten, Deutsche Katholiken 1918 bis 1945, Paderborn u. a. 1992; Gerhard Besier, Die Kirchen und das Dritte Reich. Spaltungen und Abwehrkämpfe 1934–1937, Berlin/München 2001; Hubert Gruber, Katholische Kirche und Nationalsozialismus 1930–1945. Ein Bericht in Quellen, Paderborn u. a. 2006;

Karl-Joseph Hummel/Michael Kißener (Hg.), Die Katholiken und das Dritte Reich. Kontroversen und Debatten, Paderborn 2009; Kevin P. Spicer, „Tu ich unrecht, ... ein guter Priester und ein guter Nationalsozialist zu sein?". Zum Verhältnis zwischen Katholizismus und Nationalsozialismus, in: Gailus/Nolzen (Hg.), Zerstrittene „Volksgemeinschaft", S. 66–95; Blaschke, Die Kirchen; Thomas Großbölting, Katholiken in der „Volksgemeinschaft". Zur Neukonzeption eines Forschungsfeldes, in: Friedrich Wilhelm Graf/Hans Günter Hockerts (Hg.), Distanz und Nähe zugleich? Die christlichen Kirchen im „Dritten Reich", München 2017, S. 29–53.

2 Vgl. zu den genannten Details insgesamt: Grünzig, Potsdamer Garnisonkirche, S. 164–173.

3 Vgl. zum Konkordat Scholder, Die Kirchen 1, S. 482–524; Thomas Brechenmacher (Hg.), Das Reichskonkordat 1933. Forschungsstand, Kontroversen, Dokumente, Paderborn u. a. 2007; Blaschke, Die Kirchen, S. 94–97.

4 Siehe hierzu Besier, Die Kirchen, S. 777–799; Blaschke, Die Kirchen, S. 164–169.

5 Zur Denkschrift und zum Kontext s. Martin Greschat, Zwischen Widerspruch und Widerstand. Texte zur Denkschrift der Bekennenden Kirche an Hitler (1936), München 1987; Manfred Gailus, Friedrich Weißler. Ein Jurist und bekennender Christ im Widerstand gegen Hitler, Göttingen 2017, bes. S. 125–144.

6 Parteimitgliedschaft von Pfarrern: für Bayern vgl. Clemens Vollnhals, Evangelische Kirche und Entnazifizierung 1945–1949. Die Last der nationalsozialistischen Vergangenheit, München 1989, S. 232–281 (demnach gab es 209 Parteimitglieder, gut 20 Prozent der Pfarrerschaft); für die Pfalz: Thomas Fandel, Konfession und Nationalsozialismus. Evangelische und katholische Pfarrer in der Pfalz 1930–1939, Paderborn 1997, S. 509f. (nachgewiesen sind 107 Parteimitglieder, durchschnittlich 22 Prozent der pfälzischen Pfarrerschaft).

7 Für Berlin s. Gailus, Protestantismus und Nationalsozialismus, S. 480–540.

8 Vgl. hierzu Armin Nolzen, Nationalsozialismus und Christentum; zu den temporären Aufnahmesperren der NSDAP, besonders von 1933–1937, s. Falter, Hitlers Parteigenossen, S. 64–90.

9 Vgl. Kevin P. Spicer, Hitler's Priests. Catholic Clergy and National Socialism, Northern Illinois University Press 2008; im Anhang (S. 239–300) eine Auflistung der „braunen Priester" mit Kurzbiografien.

10 Thomas Forstner, Braune Priester – Katholische Geistliche im Spannungsfeld von Katholizismus und Nationalsozialismus, in: Gailus (Hg.), Täter und Komplizen, S. 113–139; jetzt auch: Lucia Scherzberg, Zwischen Partei und Kirche. Nationalsozialistische Priester in Österreich und Deutschland (1938–1944), Frankfurt am Main/New York 2020.

11 Zur Biografie s. Roman Bleistein, Abt Alban Schachleiter, OSB: Zwischen Kirchentreue und Hitlerkult, in: Historisches Jahrbuch 115, 1995, S. 170–187; Spicer, Hitler's Priests, S. 35–37, 47, 52–57, 80–94, 287.

12 Vgl. Josef (sic!) Roth, Katholizismus und Judenfrage, München 1923; das Buch erschien im NS-Verlag Franz Eher. Ferner: ders., Die katholische Kirche und die Judenfrage, in: Forschungen zur Judenfrage, Bd. 4, (Hamburg) 1940, S. 163–176.

13 Zur Biografie: Roman Bleistein, „Überläufer im Sold der Reichsfeinde." Joseph Roth und Albert Hartl, Priesterkarrieren im Dritten Reich, in: Beiträge zur altbayerischen Kirchengeschichte 42, 1996, S. 71–111; ferner Heike Kreutzer, Das Reichskirchenministerium im Gefüge der nationalsozialistischen Herrschaft, Düsseldorf 2000, S. 161–182.

14 Zur Biografie Hartl s. Bleistein, „Überläufer"; ferner Wolfgang Dierker, Himmlers Glaubenskrieger. Der Sicherheitsdienst der SS und seine Religionspolitik 1933–1941, Paderborn 2002, S. 96–118.

15 Publiziert als: Philipp Haeuser, Der Barnabasbrief neu untersucht und neu erklärt, Paderborn 1912.

16 Vgl. u. a. Philipp Haeuser, Jud und Christ oder Wem gebührt die Weltherrschaft?, Regensburg 1923; ders., Kampfgeist gegen Pharisäertum. Nationalsozialistische Weihnachtsrede eines katholischen Geistlichen, München 1931. Diese Schrift erschien im NS-Verlag Franz Eher.

17 Vgl. Kevin P. Spicer, Im Dienst des Führers: Pfarrer Dr. Philipp Haeuser und das ‚Dritte Reich', in: Lucia Scherzberg (Hg.), Theologie und Vergangenheitsbewältigung. Eine kritische Bestandsaufnahme im interdisziplinären Vergleich, Paderborn u. a. 2005, S. 17–31; ders., Hitler's Priests, S. 101–134, 217–227.

18 Vgl. Forstner, Braune Priester, S. 124.

19 Vgl. Scholder, Die Kirchen 1, S. 540–547. Umfassender zur Situation der katholischen Theologie an den Universitäten jetzt: Dominik Burkard, „… den Einbruch des NS vollkommen abgewehrt …"? Die katholisch-theologischen Fakultäten im Nationalsozialismus, in: Graf/ Hockerts (Hg.), Distanz und Nähe, S. 81–117.

20 Karl Adam, Deutsches Volkstum und katholisches Christentum, in: Theologische Quartalschrift 114, 1933, S. 40–63, hier S. 42; zit. n. Lucia Scherzberg, Katholizismus und völkische Religion 1933–1945, in: Puschner/ Vollnhals (Hg.), Völkisch-religiöse Bewegung, S. 298–334, S. 319; genereller s. auch dies., Kirchenreform mit Hilfe des Nationalsozialismus. Karl Adam als kontextueller Theologe, Darmstadt 2001.

21 Vgl. Klaus Große Kracht, Katholischer Glaube zwischen „Volksgemeinschaft" und „Reich Gottes". Kirchlich-konfessionelle Großveranstaltungen in Berlin im Jahr 1933, in: Blaschke/Großbölting (Hg.), Was glaubten die Deutschen, S. 267–292, Zit. S. 289.

22 Vgl. hierzu die einschlägigen Regional- und Lokalstudien zu katholischen Gebieten im Nationalsozialismus, die sämtlich eine weitgehende oder partielle Kompatibilität von Nationalsozialismus und katholischer Religiosität belegen: Cornelia Rauh-Kühne, Katholisches Milieu und Kleinstadtgesellschaft. Ettlingen 1918–1939, Sigmaringen 1991; Thomas Breuer, Verordneter Wandel? Der Widerstreit zwischen nationalsozialistischem Herrschaftsanspruch und traditionaler Lebenswelt im Erzbistum Bamberg, Mainz 1992; Norbert Fasse, Katholiken und NS-Herrschaft im Münsterland. Das Amt Velen-Ramsdorf 1918–1945, Bielefeld 1996; Derek Hastings, Catholicism and the Roots of Nazism. Religious Identity and National Socialism, Oxford 2010; Thomas Forstner, Priester in Zeiten des Umbruchs. Identität und Lebenswelt des katholischen Pfarrklerus in Oberbayern, Göttingen 2014; Christiane Hoth/Markus Raasch (Hg.), Eichstätt im Nationalsozialismus. Katholisches Milieu und Volksgemeinschaft, Münster 2017; Brodie, German Catholicism (für die katholischen Gebiete des Rheinlands und Westfalens).

23 Vgl. hierzu Hoth/Raasch (Hg.), Eichstätt, S. 92–102 (mit eindrucksvollen zeitgenössischen Fotos als Beleg); Markus Raasch, Das ‚schwarze' Eichstätt ist braun geworden – katholische Lebenswelt und „Volksgemeinschaft", in: Blaschke/Großbölting (Hg.), Was glaubten die Deutschen, S. 83–111.

24 Vgl. Raasch, Das ‚schwarze' Eichstätt, S. 107.

25 Vgl. hierzu Falter, Hitlers Parteigenossen, Kap. 5, Der Sonderfall Österreich, S. 306–360; Zit. S. 314f. und S. 356. Speziell zur katholischen Kirche in Österreich: Erika Weinzierl, Prüfstand. Österreichs Katholiken und der Nationalsozialismus, Mödling 1988; Stefan Moritz, Grüß Gott und Heil Hitler. Katholische Kirche und Nationalsozialismus in Österreich, Wien 2002; zur Nähe katholischer Geistlicher in Österreich zur NSDAP jetzt auch: Scherzberg, Nationalsozialistische Priester.

Völkische Glaubensbewegungen

1 Vgl. hierzu die nach wie vor sehr lesenswerten Ausführungen für die Zeit um die Jahrhundertwende bei: Thomas Nipperdey, Deutsche Geschichte 1866–1918. Bd. I: Arbeitswelt und Bürgergeist, München 1990, S. 521–530. Analog in diesem Sinn auch: Lucian Hölscher, Geschichte der protestantischen Frömmigkeit in Deutschland, München 2005, S. 356–407.

2 Zur DG vgl. Ulrich Nanko, Die deutsche Glaubensbewegung. Eine historische und soziologische Untersuchung, Marburg 1993; Karla Poewe, New Religions and the Nazis, New York/London 2006; Horst Junginger, Die Deutsche Glaubensbewegung als ideologisches Zentrum der völkisch-religiösen Bewegung, in: Puschner/Vollnhals (Hg.), Völkisch-religiöse Bewegung, S. 65–102. Zur Wiederentdeckung zeitgenössischer Studien des vergessenen Nationalökonomen und Sozialforschers Oskar Stillich (1872–1945) über völkische Bewegungen jetzt: Uwe Puschner, Völkische Religion im Nationalsozialismus. Ideologische, personelle und organisatorische Analysen von Oskar Stillich, in: Blaschke/Großbölting (Hg.), Was glaubten die Deutschen, S. 395–413.

3 Zur Biografie s. Horst Junginger, Von der philologischen zur völkischen Religionswissenschaft, Stuttgart 1999; Schaul Baumann, Die Deutsche Glaubensbewegung und ihr Gründer Jakob Wilhelm Hauer (1881–1962), Marburg 2005; Poewe, New Religions, bes. S. 18–34.

4 Ausf. zur Biografie neben Junginger, Religionswissenschaft, und Baumann, Deutsche Glaubensbewegung: Hiroshi Kubota, Religionswissenschaftliche Religiosität und Religionsgründung. Jakob Wilhelm Hauer im Kontext des Freien Protestantismus, Frankfurt am Main

2005. Mit Vorbehalt auch die Biografie der einstigen Hauer-Anhängerin Margarete Dierks: Jakob Wilhelm Hauer 1881–1962: Leben, Werk, Wirkung, Heidelberg 1986.

5 Zu Hauers NS-Kollaborationen vgl. vor allem Junginger, Religionswissenschaft, S. 128–144; Poewe, New Religions, bes. S. 128–140 (Hauer als kontinuierlicher Informant für SS-Führer Werner Best).

6 Zur Biografie Reventlows s. Horst Boog, Graf Ernst zu Reventlow (1869–1943), Heidelberg 1967; Joseph B. Neville, Ernst Reventlow and the Weimar Republic: A Voelkisch Radical confronts Germany's social question, in: Societas. A Review of Social History 7, 1977, S. 229–251; Michael Peters, Art. „Ernst Christian Einar Ludwig Detlev von Reventlow", in: NDB Bd. 21, Berlin 2003, S. 476f.

7 Vgl. Peters, Art. Reventlow; Reventlow hatte sich offenbar unstandesgemäß mit einer dubiosen französischen Comtesse verheiratet und musste deshalb seine Marinelaufbahn aufgeben (vgl. Boog, Reventlow, S. 102–109).

8 Maßgeblich war hier: Ernst Graf zu Reventlow, Kaiser Wilhelm II. und die Byzantiner, München 1906. Das Buch erreichte im selben Jahr noch die 10. Auflage. Reventlow hatte mit seiner Kaiser-Kritik offenbar einen Nerv der Zeit getroffen. S. hierzu auch: Stephan Malinowski, Vom König zum Führer. Deutscher Adel und Nationalsozialismus, Frankfurt am Main 2010, S. 172f., 184f.

9 Vgl. zu Reventlow als antisemitischer Debattenredner der extremen Rechten im Reichstag: Susanne Wein, Antisemitismus im Reichstag. Judenfeindliche Sprache in Politik und Gesellschaft der Weimarer Republik, Frankfurt am Main 2014, S. 168f., 244–246, 250f., 275f.

10 Zu den zahlreichen Publikationen Reventlows gehörten u. a. : Der deutsche Freiheitskampf, Berlin 1933; Wo ist Gott?, Berlin 1934; Von Potsdam nach Doorn, Berlin 1940.

11 Vgl. Ernst Graf zu Reventlow, Judas Kampf und Niederlage in Deutschland. 150 Jahre Judenfrage, Berlin 1937.

12 Ernst Bergmann: geb. 1881 Colditz (Sachsen), Pfarrerssohn, seit 1916 außerordentlicher Prof. in Leipzig, 1930 Eintritt NSDAP; verst. 1945 Naumburg. Schriften: Deutschland, das Bildungsland der neuen Menschheit. Eine nationalsozialistische Kulturphilosophie, Breslau 1933; Die deutsche Nationalkirche, Breslau 1933; Die natürliche Geistlehre. System einer deutsch-nordischen Weltsinndeutung, Stutt-

gart 1937. Zur Biografie: Junginger, Deutsche Glaubensbewegung, S. 73–80.

13 Arthur Drews: geb. 1865 in Uetersen (Schleswig-Holstein), Studium der Philosophie, Promotion 1889 Universität Halle-Wittenberg, Habilitation 1896 TH Karlsruhe; Monistenbund; zahlreiche Publikationen als Philosoph und freireligöser Schriftsteller, u. a. Die Christusmythe (Jena 1906), zuletzt die Aufsatzsammlung „Deutsche Religion" (1935); verst. Illenau bei Achern (Baden) 1935.

14 Ludwig Fahrenkrog: geb. Rendsburg 1867, Studium Kunsthochschule, Meisterschüler bei Anton von Werner in Berlin; Kunstgewerbeschule in Barmen seit 1898, 1913 zum Prof. ernannt; Kirchenaustritt 1900; 1914–1952 „Hochwart" der Germanischen Glaubens-Gemeinschaft; verst. 1952.

15 Hans F. K. Günther: geb. 1891 Freiburg; 1930 Lehrstuhl für Rassenkunde Universität Jena; 1932 NSDAP; 1935 Lehrstuhl Berlin, Direktor der Anstalt für Rassenkunde, Völkerbiologie und ländliche Soziologie Berlin-Dahlem; 1939 Professur Freiburg; 1951 Versetzung in den Ruhestand; verst. 1968 Freiburg.

16 Hermann Mandel: geb. 1882 Holzwickede (Westfalen); 1906 Lic. theol., Habilitation und Privatdozent Universität Greifswald, 1912 Prof. für Systematische Theologie Rostock, seit 1918 Universität Kiel; 1935 Übertritt in die Phil. Fakultät, Lehrstuhl für Religionsgeschichte und Religionsphilosophie mit bes. Berücksichtigung rassenkundlicher Geistesgeschichte; verst. 1946 Kluvensiek b. Rendsburg.

17 Herman Wirth: geb. 1885 Utrecht, Privatgelehrter; seit 1916 Titularprof. Universität Berlin; 1923 Marburg; 1935 Präsident des SS-Forschungsprojekts Ahnenerbe, 1937 SS, Dezember 1938 aus dem Ahnenerbe-Projekt ausgeschieden; seit 1954 wieder ansässig in Marburg; verst. 1981 Kusel.

18 Johann von Leers: geb. 1902 Vietlübbe (Mecklenburg); Jurastudium; 1929 NSDAP; seit 1938 Prof. in Jena; 1945 Flucht nach Argentinien, seit 1955 Kairo, Übertritt zum Islam; verst. 1965 Kairo.

19 Matthes (Matthäus) Ziegler: geb. 1911 Nürnberg; Theologiestudium; 1931 NSDAP; 1934 Hauptschriftleiter der *Nationalsozialistischen Monatshefte*; 1937 Geschäftsführer der Arbeitsgemeinschaft für deutsche Volkskunde; nach dem Krieg Wiederaufnahme in die Ev. Kirche von Hessen und Nassau durch Martin Niemöller und seit 1949 Pfarrassis-

tent in Rimbach (Hessen), 1953 Pfarrer in Rimbach; 1956 Pfarrer in Langen; Ruhestand 1976; verst. 1992 Hohenstein (Bayern).

20 Zu den Altvölkischen s. die Biografien in: Uwe Puschner/Walter Schmitz/Justus H. Ulbricht (Hg.), Handbuch zur „Völkischen Bewegung" 1871–1918, München u. a. 1996; ferner diverse Beiträge in: Puschner/Vollnhals (Hg.), Völkisch-religiöse Bewegung.

21 Für Mitgliederzahlen s. Nanko, Deutsche Glaubensbewegung; Dierker, Himmlers Glaubenskrieger, S. 208; Ortsgemeinden und Auflagenzahlen der Zeitschriften nach Besier, Die Kirchen, S. 262 und 264.

22 Vgl. zu diesen Vorgängen Besier, Die Kirchen, S. 255f.

23 Infiltration durch SS: Dierker, Himmlers Glaubenskrieger. Zur Volkszählung von 1939 vgl. Volkszählung. Die Bevölkerung des Deutschen Reichs nach den Ergebnissen der Volkszählung 1939. Heft 3: Die Bevölkerung des Deutschen Reichs nach der Religionszugehörigkeit, Berlin 1942, Tab. 1, S. 8f.

24 Niemöllers Dahlemer Predigten durchzieht ein permanent kämpferischer Ton gegen die NS-Propaganda der „Entkonfessionalisierung" und das Vordringen eines Neuheidentums. Vgl. Martin Niemöller. Dahlemer Predigten. Kritische Ausgabe (hg. v. Michael Heymel), Gütersloh 2011, Zit. S. 291.

25 In der Enzyklika *Mit brennender Sorge* heißt es in diesem Kontext: „Habet acht, Ehrwürdige Brüder, dass vor allem der Gottesglaube [...] in deutschen Landen rein und unverfälscht erhalten bleibe. Gottgläubig ist nicht, wer das Wort Gott rednerisch gebraucht, sondern nur, wer mit diesem hehren Wort den wahren und würdigen Gottesbegriff verbindet. Wer [...] Gott in der Welt verweltlicht und die Welt in Gott vergöttlicht, gehört nicht zu den Gottgläubigen." (zit. n. Blaschke, Die Kirchen, S. 165). Zu alarmierenden Artikeln in der BK-Zeitschrift *Junge Kirche* vgl. Ralf Retter, Zwischen Protest und Propaganda. Die Zeitschrift „Junge Kirche" im Dritten Reich, München 2009, S. 156–160.

26 Archiv der Kirchengemeinde Friedenau (Berlin), Nr. 106, Austritte, 1934–1937.

27 Vgl. Gailus, Protestantismus und Nationalsozialismus, S. 177f. und ebd., Anm. 267.

28 Beide Fälle nach: Archiv der Kirchengemeinde Friedenau (Berlin), Nr. 106, Austritte, 1934–1937.

29 Mathilde Spieß (1877–1966), verwitwete von Kemnitz, geschiedene Kleine, seit 1926 verheiratet mit Erich Ludendorff, entstammte einem liberalen Pfarrhaus in Wiesbaden. Sie war zunächst Ärztin und in der nationalen Frauenbewegung der frühen Weimarer Republik aktiv. Nach ihrer Verbindung mit Ludendorff entwickelte sie sich zur Protagonistin einer völkisch-religiösen Bewegung („Ludendorff-Bewegung"), die seit 1937 den offiziellen Namen *Bund für Deutsche Gotterkenntnis (Ludendorff) e. V.* führte. Vgl. hierzu Bettina Amm, Die Ludendorff-Bewegung. Zwischen nationalsozialistischem Kampfbund und völkischer Weltanschauungssekte, Hamburg 2005; Annika Spilker, Geschlecht, Religion und völkischer Nationalismus. Die Ärztin und Antisemitin Mathilde von Kemnitz-Ludendorff (1877–1966), Frankfurt am Main/New York 2013.

30 Bettina Amm, Die Ludendorff-Bewegung im Nationalsozialismus – Annäherung und Abgrenzungsversuche, in: Puschner/Vollnhals (Hg.), Völkisch-religiöse Bewegung, S. 127–147; Zitat S. 141. Eine explizite Darlegung ihrer abstrusen religiösen „Lehre" versage ich mir hier ausdrücklich. Näheres hierzu ebd., S. 142–147.

Gottgläubige

1 Artur Dinter: geb. 1876 in Mühlhausen/Elsass als Sohn eines preußischen Zollbeamten; Studium der Naturwissenschaften und Philosophie in München und Straßburg; Dinter betätigte sich zunächst als Theaterregisseur, Schriftsteller und Publizist. Durch seinen antisemitischen Roman und Bestseller „Die Sünde wider das Blut" (1917) erlangte er Berühmtheit. 1919 war er Mitbegründer des *Deutschvölkischen Schutz- und Trutzbundes*; 1924 Fraktionsführer des *Völkisch-Sozialen Blocks* in Thüringen und bald darauf Landesleiter der NSDAP ebenda. Als religiöser Stifter gründete er 1927 die *Geistchristliche Religionsgemeinschaft*, 1934 umbenannt in *Deutsche Volkskirche*; 1928 erfolgte sein Ausschluss aus der NSDAP; 1937 Verbot der *Deutschen Volkskirche*, seit 1939 hatte er Schreib- und Redeverbot; verst. 1948 Offenburg.

2 Vgl. Manfred Gailus, „Nationalsozialistische Christen" und „christliche Nationalsozialisten". Anmerkungen zur Vielfalt synkretistischer Gläubigkeiten im „Dritten Reich", in: ders./Hartmut Lehmann (Hg.), Nationalprotestantische Mentalitäten in Deutschland (1870–1970). Konturen, Entwicklungslinien und Umbrüche eines Weltbildes, Göt-

tingen 2005, S. 236–243; Zit. Heydrich nach Besier, Die Kirchen, S. 230.

3 Sämtliche Zahlenangaben nach: Volkszählung 1939.

4 Die „Adler und Falken", eine besonders rechtsextreme Gruppe innerhalb der Bündischen Bewegung, wurde 1920 von dem Lehrer und Dichter Wilhelm Kotzde (1878–1948) gegründet. Auffällig viele junge, radikale Nationalsozialisten gingen aus ihr hervor, neben Ziegler unter anderem Lothar Stengel-von Rutkowski und Johann von Leers.

5 Zur Biografie Ziegler s. Manfred Gailus, Vom „gottgläubigen" Kirchenkämpfer Rosenbergs zum „christgläubigen" Pfarrer Niemöllers: Matthes Zieglers wunderbare Wandlungen im 20. Jahrhundert, in: ZfG 54, 2006, H. 11, S. 937–973; zu seinen volkskundlichen Ambitionen jetzt auch: Wolfgang Brückner, Das Jahr 1938 in der deutschsprachigen Volkskunde. Meinungshegemonien des gedruckten Wortes, Münster 2020.

6 Matthes Ziegler, Kirche und Reich im Ringen der jungen Generation (Reden und Aufsätze zum nordischen Gedanken, Heft 8), Leipzig 1933; Zit. S. 45f., 49.

7 Ebd., S. 64; zu seiner NS-Volkskundekarriere auch: Wolfgang Brückner, „Volkskunde und Nationalsozialismus". Zum Beispiel Matthes Ziegler, in: Bayerische Blätter für Volkskunde 13/3, 1986, S. 189–192, S. 190; und neuerdings auch ausführlich: ders., Das Jahr 1938.

8 Vgl. hierzu Gailus, Matthes Ziegler, S. 957.

9 Zu Stengel-von Rutkowski s. Ulrich Nanko, Vom „Deutschen Glauben" der Sammlungsbewegung zur „Arischen Weltanschauung", in: Puschner/Vollnhals (Hg.), Völkisch-religiöse Bewegung, S. 103–125; zu Leers vgl. Martin Finkenberger, Der völkische Antisemit Johann von Leers in den religionspolitischen Auseinandersetzungen 1933/34, in: ebd., S. 375–398.

Parteiglaube und religiöse Fraktionen in der NSDAP

1 Vgl. zum Kirchenneubau und zur Sakralkunst der 1930er Jahre: Stefanie Endlich/Monica Geyler-von Bernus/Beate Rossié (Hg.), Christenkreuz und Hakenkreuz. Kirchenbau und sakrale Kunst im Nationalsozialismus, Berlin 2008; ausf. zur Mariendorfer Kirche S. 15–40.

2 Zur jüngeren Debatte um „politische Religion" s. Hans Maier (Hg.), Politische Religionen. Die totalitären Regime und das Christentum, Paderborn 1996; Hans Günter Hockerts, War der Nationalsozialismus eine politische Religion? Über Chancen und Grenzen eines Erklärungsmodells, in: Klaus Hildebrandt (Hg.), Zwischen Politik und Religion. Studien zur Entstehung, Existenz und Wirkung des Totalitarismus, München 2003, S. 45–71; Vondung, Formen des Religiösen (2013).

3 Reichsparteitage: Yvonne Karow, Deutsches Opfer. Kultische Selbstauslöschung auf den Reichsparteitagen der NSDAP, Berlin 1997; Markus Urban, Die Konsensfabrik. Funktion und Wahrnehmung der NS-Reichsparteitage 1933–1941, Göttingen 2007. Zum 9. November-Märtyrer-Kult in München: Vondung, Formen des Religiösen, S. 65–79; Erntedankfest am Bückeberg: Bernhard Gelderblom, Die NS-Erntedankfeste auf dem Bückeberg 1933–1937. Aufmarsch der Volksgemeinschaft und Massenpropaganda, Holzminden 2018.

4 Vgl. hierzu Sabine Behrenbeck, Der Kult um die toten Helden. Nationalsozialistische Mythen, Riten und Symbole 1932 bis 1945, Vierow bei Greifswald 1996; Vondung, Formen des Religiösen; Sarah Thieme, Nationalsozialistischer Märtyrerkult. Sakralisierte Politik und Christentum im westfälischen Ruhrgebiet (1929–1939), Frankfurt am Main 2017.

5 Vgl. zum „positiven Christentum": Richard Steigmann-Gall, The Holy Reich. Nazi Conceptions of Christianity, 1919–1945, Cambridge 2003, S. 13–50; Samuel Koehne, Nazism and Religion: The Problem of „Positive Christianity", in: Australian Journal of Politics and History 60, Nr. 1, 2014, S. 28–42.

6 Zum Kampf um die Schulkreuze s. für Oldenburg Besier, Die Kirchen, S. 743–749; für Schlesien ebd., S. 747f.; für Bayern im Jahr 1941 Nicolas Stargardt, Der deutsche Krieg 1939–1945, Frankfurt am Main 2015, S. 187–189.

7 Zur Politik der „Entkonfessionalisierung": Besier, Die Kirchen, S. 167–285, bes. S. 222–235; Dierker, Himmlers Glaubenskrieger. Zur NS-Erziehung in den Jugendverbänden, die auf einen „neuen Glauben" zielte, s. Michael Buddrus, Totale Erziehung für den totalen Krieg. Hitlerjugend und nationalsozialistische Jugendpolitik, München 2003; Armin Nolzen, Der Bund Deutscher Mädel (BDM) als „Glaubensgemeinschaft". Zur Entwicklung einer nationalsozialisti-

schen Jugendorganisation nach 1933, in: Blaschke/Großbölting (Hg.), Was glaubten die Deutschen, S. 161–182.

8 Vgl. hierzu Grünzig, Potsdamer Garnisonkirche, bes. S. 243, und die Veranstaltungschronik Garnisonkirche Potsdam 1933–1945, S. 252–264.

9 Dieter Bartezko, Bollwerke im Höhenrausch – Die Ordensburgen des „Dritten Reiches", in: Klaus Ring/Stefan Wunsch (Hg.), Bestimmung Herrenmensch. NS-Ordensburgen zwischen Faszination und Verbrechen, Dresden 2013, S. 66–79, 73.

10 Vgl. hierzu Hans-Ulrich Thamer, Heilsversprechen und Sendungsbewusstsein – der „neue Mensch" in der Ikonografie und im politischen Kult der NS-Ordensburgen, in: ebd., S. 274–281; ders., „Wir tragen das Hakenkreuz in unsere Kirche." Religiöse Rituale und Transfer des Sakralen: Zum widersprüchlichen Verhältnis von nationalsozialistischer „Volksgemeinschaft" und christlicher Glaubensgemeinschaft, in: Blaschke/Großbölting (Hg.), Was glaubten die Deutschen, S. 351–369, bes. S. 355–358.

11 Vgl. Ring/Wunsch (Hg.), Herrenmensch, S. 267. „Wenn alle untreu werden" war ursprünglich ein Volks- und Studentenlied, geschaffen von Max von Schenkendorf (1814) zur Zeit der Befreiungskriege. Während der NS-Zeit wurde das „Treuelied", leicht abgewandelt, ein von der SS genutztes musikalisches Bekenntnis.

12 Hierzu ausf. unten, Kap. *Nationalsozialistische Gottgläubigkeit im Krieg*; zum NS-spezifischen Umgang mit dem Tod s. Jay W. Baird, To Die for Germany: Heroes in the Nazi Pantheon, Bloomington 1990; Behrenbeck, Kult um die toten Helden; Monica Black, Death in Berlin. From Weimar to Divided Germany, Cambridge/New York usw. 2010, bes. Kap. 2, S. 69–110.

13 NS-Jahres- und Lebensfeiern: Vondung, Formen des Religiösen, S. 81–105.

14 Zu Ablösungsversuchen christlicher Weihnachtsfeiern vgl. Joe Perry, Nazifying Christmas: Political Culture and Popular Celebration in the Third Reich, in: Central European History 38, 2005, S. 572–605; Samuel Koehne, Were the National Socialists a Völkish Party? Paganism, Christianity, and the Nazi Christmas, in: Central European History 47, Nr. 4, 2014, S. 760–790; Sarah Thieme, Praktiken der (Doppel-)Gläubigkeit vor Ort: Advents- und Weihnachtsfeiern von NSDAP

und NS-Frauenschaften, in: Blaschke/Großbölting (Hg.), Was glaubten die Deutschen, S. 113–137.

15 Vgl. Gailus, „Nationalsozialistische Christen"; Nolzen, Nationalsozialismus und Christentum.

16 Zum SS-Ahnenerbe Himmlers s. Michael H. Kater, Das „Ahnenerbe" der SS 1935–1945. Ein Beitrag zur Kulturpolitik des Dritten Reiches, München 2006 (4. Aufl.); Peter Longerich, Heinrich Himmler. Biographie, München 2008, S. 285–289; dort auch genereller zu Himmlers (teils sehr abstrusen) religionspolitischen Zielsetzungen und Phantasien, die an vielen Stellen deutlich von jenen Hitlers abwichen (S. 227–235, 265–284, 289–308).

17 Zu Rosenberg und seinen mit Himmler konkurrierenden Weltanschauungsprojekten s. Ernst Piper, Alfred Rosenberg. Hitlers Chefideologe, München 2005, bes. S. 323–368, 462–477.

18 Vgl. Gailus, „Nationalsozialistische Christen", bes. S. 243–254. Hierzu auch Steigmann-Gall, Holy Reich, der allerdings die These eines christlich geprägten Nationalsozialismus überzieht.

19 Vgl. zur Religiosität Hitlers Claus-Ekkehard Bärsch, Die politische Religion des Nationalsozialismus, München [2]2002, bes. S. 271–319; Michael Rißmann, Hitlers Gott. Vorsehungsglaube und Sendungsbewusstsein des deutschen Diktators, Zürich/München 2001; Rainer Bucher, Hitlers Theologie. Die Verkündigung einer Erwählung, in: Scherzberg (Hg.), Theologie und Vergangenheitsbewältigung, S. 71–85; ders., Hitlers Theologie, Würzburg 2008.

Zwischenbilanz: Religiöse Vielfalt und interkonfessionelles Dilemma

1 Zu Juden und Judentum s. Kap. *Juden, Judentum und Antisemitismus*; zu den kleinen (christlichen) Glaubensgemeinschaften s. Karl Heinz Voigt, Schuld und Versagen der Freikirchen im „Dritten Reich". Aufarbeitungsprozesse seit 1945, Frankfurt am Main 2005; Daniel Heinz (Hg.), Freikirchen und Juden im „Dritten Reich". Instrumentalisierte Heilsgeschichte, antisemitische Vorurteile und verdrängte Schuld, Göttingen 2011; Philipp Thull (Hg.), Christen im Dritten Reich, Darmstadt 2014.

2 Zu Bonhoeffers Kontakten in London s. Bethge, Bonhoeffer, S. 379–480; Christiane Tietz, Dietrich Bonhoeffer. Theologe im Widerstand, München 2013, S. 55–63.

3 Insgesamt zu den Auslandsbeziehungen der Bekennenden Kirche: Armin Boyens, Kirchenkampf und Ökumene 1933–1939. Darstellung und Dokumentation, München 1969; Wolfgang Gerlach, Als die Zeugen schwiegen. Bekennende Kirche und die Juden, Berlin 1987, S. 88–113, 217–230.

4 Vgl. Benjamin Ziemann, Martin Niemöller. Ein Leben in Opposition, München 2019, S. 291.

5 Zu interkonfessionellen Begegnungen bei den Kreisauern s. Günter Brakelmann, Der Kreisauer Kreis als christliche Widerstandsgruppe, in: ders./Manfred Keller (Hg.), Der 20. Juli 1944 und das Erbe des deutschen Widerstandes, Münster 2005, S. 67–85; Karl Brauer, Für die Freiheit und Unabhängigkeit der Kirche. Eugen Gerstenmaiers religiöse und theologische Entwicklung im Spannungs- und Handlungsfeld von Kirche und Staat bis 1945, Göttingen 2020, S. 318–349. Zu Geistlichen beider großen christlichen Konfessionen im KZ Dachau vgl. jetzt Rebecca Scherf, Evangelische Kirche und Konzentrationslager (1933 bis 1945), Göttingen 2019, bes. S. 140–229; vgl. ferner auch am Beispiel des seit Juli 1941 in Dachau inhaftierten Martin Niemöller: Ziemann, Niemöller, S. 343–350.

Juden, Judentum, Antisemitismus

1 Zum Antisemitismus der Weimarer Republik: Hannah Ahlheim, „Deutsche kauft nicht bei Juden!“ Antisemitismus und politischer Boykott in Deutschland 1924 bis 1935, Göttingen 2011; Wein, Antisemitismus im Reichstag; zu Stapel s. Clemens Vollnhals, Theologie des Nationalismus. Der christlich-völkische Publizist Wilhelm Stapel, in: Gailus/Vollnhals (Hg.), Völkische Theologen, S. 97–117; zu Reventlow s. oben, S. 55f.

2 Vgl. hierzu Gailus/Nolzen (Hg.), Zerstrittene „Volksgemeinschaft“; Blaschke/Großbölting (Hg.), Was glaubten die Deutschen.

3 Vgl. Vondung, Formen des Religiösen, Kap. 2: Glaube, S. 37–49.

4 Hans Baumann: geb. 1914 in Amberg als Sohn eines (katholischen) Berufssoldaten; 1933 Abitur in Amberg; katholischer Jugendbund

„Bund Neudeutschland“; April 1933 NSDAP, Referent im Kulturamt der Reichsjugendführung; seit 1934 als Volksschullehrer und Parteidichter in Berlin; im Zweiten Weltkrieg Kriegseinsatz in der Propaganda-Kompagnie 501; zahlreiche Lieder für HJ und BDM, 1939 Liederbuch „Morgen marschieren wir – Liederbuch der deutschen Soldaten“; 1942 Heirat in Passau; verst. 1988 in Murnau.

5 Baldur von Schirach: geb. 1907 in Berlin; Jugendjahre in Weimar als Sohn des Theaterintendanten Carl von Schirach; 1925 NSDAP; 1927 Studium München (o. Abschluss); 1928 Leiter des Nationalsozialistischen Deutschen Studentenbundes; Oktober 1931 Reichsjugendführer NSDAP; seit Juni 1933 „Jugendführer des Deutschen Reiches“; Dezember 1936 Ernennung der Reichsjugendführung zu einer obersten Reichsbehörde unter Leitung von Staatssekretär von Schirach; August 1940 Gauleiter und Reichsstatthalter in Wien; 1946 wegen „Verbrechen gegen die Menschlichkeit“ zu 20 Jahren Haft verurteilt; verst. 1974 in Kröv (Mosel).

6 Gerhard Schumann: geb. 1911 in Esslingen; Sohn eines Lehrers, Jugend in Künzelsau; evangelisches Gymnasium und Jugendbewegung; 1930 Studium in Tübingen: Germanistik, Geschichte, Philosophie (o. Abschluss); 1930 Eintritt NSDAP, SA, NSDStB; 1933 Kommissar der württembergischen Studentenschaft im Kultusministerium; zahlreiche NS-Dichtungen, 1936 Nationaler Buchpreis; seit 1938/39 Leiter der Gruppe Schriftsteller in der Reichsschrifttumskammer; 1942 Chefdramaturg des Württembergischen Staatstheaters Stuttgart; 1945–48 Internierungslager; Wiedereintritt in die evangelische Kirche; verst. 1995 in Bodman.
Vgl. zu Schumann die umfangreiche Dissertation: Simone Bautz, Gerhard Schumann – Biographie, Werk, Wirkung eines prominenten nationalsozialistischen Autors, Phil. Diss. 2008, Justus-Liebig-Universität Gießen.

7 Überblick zu den Jugendorganisationen der NSDAP: Grüttner, Das Dritte Reich, S. 320–326; Michael Buddrus, Totale Erziehung für den totalen Krieg. Hitlerjugend und nationalsozialistische Jugendpolitik, München 2003; Dagmar Reese (Hg.), Die BDM-Generation. Weibliche Jugendliche in Deutschland und Österreich im Nationalsozialismus, Berlin 2007; jetzt auch Nolzen, Der Bund Deutscher Mädel.

8 *Deutsche Allgemeine Zeitung* vom 3.6.1935; zit. n. Besier, Die Kirchen, S. 81.

9 Vgl. hierzu diverse Beispiele in: Grünzig, Potsdamer Garnisonkirche, S. 217–222, 252–264.

10 Vgl. Alon Confino, A World without Jews. The Nazi Imagination from Persecution to Genocide, New Haven/London 2014, bes. Kap. 4: Burning the Book of Books, S. 115–141.

11 Zit. nach Gailus, Elisabeth Schmitz, S. 116.

12 Vgl. hierzu Heschel, Aryan Jesus, bes. S. 18–23; Horst Junginger, Die Verwissenschaftlichung der „Judenfrage" im Nationalsozialismus, Darmstadt 2011, S. 11–19.

13 Generell zum Ariernachweis: Eric Ehrenreich, The Nazi Ancestral Proof. Genealogy, Racial Science, and the Final Solution, Bloomington/Indianapolis 2007; Manfred Gailus (Hg.), Kirchliche Amtshilfe. Die Kirche und die Judenverfolgung im „Dritten Reich", Göttingen 2008.

14 Vgl. Manfred Gailus, „Hier werden täglich drei, vier Fälle einer nichtarischen Abstammung aufgedeckt". Pfarrer Karl Themel und die Kirchenbuchstelle Alt-Berlin, in: ders. (Hg.), Kirchliche Amtshilfe, S. 82–100; dort auch weitere Beiträge zu ähnlichen Einrichtungen in anderen evangelischen Landeskirchen. Zu einer analogen Praxis in der katholischen Kirche: Peter Pfister, Selbstbehauptung, Kooperation und Verweigerung. „Ariernachweise" und katholische Pfarrarchive in Bayern, in: Robert Kretzschmar (Redaktion), Das deutsche Archivwesen und der Nationalsozialismus. 75. Deutscher Archivtag 2005 in Stuttgart, Essen 2007, S. 116–138.

15 Vgl. Karl Themel, Fünf Jahre Kirchenbuchstelle Alt-Berlin, in: Familie, Sippe, Volk 8, 1942, S. 3–5; etwa zeitgleich erschien (ohne Verfassernamen): „255 000 Urkunden für die Ahnenforschung. Fünf Jahre Kirchenbuchstelle Alt-Berlin", in: Völkischer Beobachter vom 18.12.1941.

16 Vgl. Gailus, Pfarrer Karl Themel, S. 92.

17 Saul Friedländer, Das Dritte Reich und die Juden. Bd. 1: Die Jahre der Verfolgung 1933–1939, München 1998, S. 115.

18 Vgl. Gerhard Kittel, Die Judenfrage, Stuttgart 1933, S. 56. Zu Kittel vgl. jetzt: Gailus/Vollnhhals (Hg.), Christlicher Antisemitismus.

19 Zum Eisenacher „Entjudungsinstitut" und zu Walter Grundmann s. Arnhold, „Entjudung" 1 und 2.

Christen in der „Kristallnacht“

1 Vgl. Eberhard Röhm/Jörg Thierfelder, Juden – Christen – Deutsche, 7 Teilbände, Stuttgart 1990–2007; Ursula Büttner/Martin Greschat, Die verlorenen Kinder der Kirche. Der Umgang mit Christen jüdischer Herkunft im „Dritten Reich“, Göttingen 1998; Jana Leichsenring, Die Katholische Kirche und „ihre Juden“. Das „Hilfswerk beim Bischöflichen Ordinariat Berlin“ 1938–1945, Berlin 2007.

2 Als wichtigste Gesamtdarstellungen seien genannt: Hans-Jürgen Döscher, „Reichskristallnacht“. Die Novemberpogrome 1938, Frankfurt am Main/Berlin 1990; Dieter Obst, „Reichskristallnacht“. Ursachen und Verlauf des antisemitischen Pogroms vom November 1938, Frankfurt am Main 1991; Alan E. Steinweis, Kristallnacht 1938. Ein deutscher Pogrom, Stuttgart 2011; Raphael Gross, November 1938. Die Katastrophe vor der Katastrophe, München 2013; Wolfgang Benz, Gewalt im November 1938. Die „Reichskristallnacht“ – Initial zum Holocaust, Berlin 2018; Steven J. Ross/Wolf Gruner (Hg.), New Perspectives on Kristallnacht: After 80 Years, the Nazi Pogrom in Global Comparison, Purdue University Press 2019. Zur antijüdischen Gewalttopografie jetzt weiterführend für die Jahre 1930–1938: Jana Fritsche/Christoph Kreutzmüller, Eine Topographie der Gewalt. Übergriffe auf Jüdinnen und Juden im Deutschen Reich 1930–1938, in: ZfG 68, 2020, Heft 6, S. 493–517.

3 Diese schwierige Frage wird zumeist dahingehend beantwortet, es habe bei der Bevölkerung Unverständnis und Ablehnung überwogen. Erwiesen ist das nicht. Es fehlt bislang an methodisch überzeugenden Untersuchungen, um in dieser Frage zu verbindlicheren Antworten zu gelangen. Neue Ergebnisse versprechen jetzt Forschungen der britischen Historikerin Mary Fulbrook über die Rolle von Mitläufern („bystanders“) im Nationalsozialismus. Vgl. hierzu dies., Social Relations and Bystander Responses to Violence: Kristallnacht November 1938, in: Ross/Gruner (Hg.), Kristallnacht, S. 69–87.

4 Vgl. hierzu: Manfred Gailus, „Kristallnacht“ und Kirchen. Wie reagierten Protestanten und Katholiken auf die Novemberpogrome 1938? Vortrag in der Berliner Stiftung Topographie des Terrors am 26.2.2019.

5 Vgl. die publizierten Auszüge aus den Tagebüchern in: Gottfried Abrath, Subjekt und Milieu im NS-Staat. Die Tagebücher des Pfarrers

Hermann Klugkist Hesse 1936–1939, Göttingen 1994, S. 343f.; das zweite Zit. ebd., S. 194.

6 Namentlich genannt werden können bislang die folgenden Geistlichen: Johannes Bähr (Mutterstadt/Pfalz), Helmut Gollwitzer (Berlin-Dahlem), Julius von Jan (Oberlenningen/Württemberg) sowie der katholische Dompropst Bernhard Lichtenberg (Berlin).

7 Der Brief von Schmitz an Pfarrer Gollwitzer vom 24.11.1938 ist dokumentiert in: Gailus, Elisabeth Schmitz, S. 253–255.

8 Zur Biografie insgesamt s. Gailus, Elisabeth Schmitz.

9 Vgl. Gerhard Kittel, Die Judenfrage, Stuttgart 1933, S. 57–61; zu Kittel jetzt: Gailus/Vollnhals (Hg.), Christlicher Antisemitismus.

10 Vgl. Johannes Schleuning, Judentum gegen Christentum. Jüdisch-bolschewistischer Vernichtungskampf gegen die christliche Kirche, in: Evangelium im Dritten Reich, Nr. 13, 28.3.1937. Zur Biografie s. Gailus, Protestantismus und Nationalsozialismus, S. 466–474.

11 Vgl. die „Rede beim Staatsbegräbnis von Ernst Eduard vom Rath von Bischof Friedrich Peter (17.11.1938)“, in: Der Deutsche Christ 6, 1938, Nr. 48, S. 377; s. auch den Bericht in der Rheinischen Landeszeitung (Wuppertal) vom 18.11.1938. Peters Rede wurde auf der Titelseite unter der Schlagzeile „Juda, dessen Gott ein Mörder ist ...“ vollständig abgedruckt.

12 Vgl. Martin Sasse (Hg.), Martin Luther und die Juden: Weg mit ihnen!, Freiburg i. Br. 1938; zur Biografie vgl. Gerhard Lindemann, „All seine Sorge galt dem Gedanken, einen Einklang herzustellen zwischen dem Dritten Reich und der Kirche“. Der Thüringer Landesbischof Martin Sasse, in: Gailus/Vollnhals (Hg.), Völkische Theologen, S. 151–169.

13 Zit. nach: Ulrich Peter, Walther Schultz und Heinrich Schwartze – zwei deutsche Theologenkarrieren in drei Systemen, in: Gailus/Vollnhals (Hg.), Völkische Theologen, S. 171–187, hier S. 183. Insgesamt zur stark braun gefärbten Landeskirche in Mecklenburg jetzt: Ulrich Peter, Lutherrose und Hakenkreuz. Die Deutschen Christen und der Bund der nationalsozialistischen Pastoren in der evangelisch-lutherischen Kirche Mecklenburgs, Kiel 2020.

14 Schreiben Emanuel Hirsch an Wilhelm Stapel vom 26. November 1938; zit. nach: Heinrich Assel, Emanuel Hirsch. Völkisch-politischer

Theologe der Luther-Renaissance, in: Gailus/Vollnhals (Hg.), Völkische Theologen, S. 43–67, 56.

15 Zu den katholischen Reaktionen auf die Kristallnacht s. Olaf Blaschke, Die „Reichspogromnacht" und die Haltung von katholischer Bevölkerung und Kirche, in: Zeitschrift für Religions- und Geistesgeschichte 52, 2000, H. 1, S. 47–74; Confino, A World without Jews, S. 115–141; Brodie, German Catholicism, S. 29. Berichte von Augenzeugen zum Geschehen in Österreich: Susanne Heim (Bearb.), Die Verfolgung und Ermordung der europäischen Juden durch das nationalsozialistische Deutschland 1933–1945, Bd. 2: Deutsches Reich 1938–August 1939, München 2009, S. 393–396, 400, 602–607.

16 Das Zitat der Augenzeugin in: Otto Ogiermann, Bis zum letzten Atemzug. Das Leben und Aufbegehren des Priesters Bernhard Lichtenberg, Leipzig 1983; zit. nach Röhm/Thierfelder, Juden – Christen – Deutsche, Bd. 3/1, S. 60. Zu Lichtenbergs widerständiger Haltung seit 1933 auch: Kevin P. Spicer, Resisting the Third Reich. The Catholic Clergy in Hitler's Berlin, Northern Illinois University Press 2004, S. 160–182.

17 Gollwitzers Predigt ist dokumentiert in: Gerhard Schäberle-Koenigs, „Und sie waren täglich einmütig beieinander". Der Weg der Bekennenden Gemeinde Berlin/Dahlem 1937–1943 mit Helmut Gollwitzer, Gütersloh 1998, Zit. S. 195f.

18 Harry Richard Loewenberg, Heimatlos im Exil. Tage der Verfolgung Herbst und Winter 1938/39, unveröffentl. Manuskript, London 1939; ausführlich über das Schicksal Loewenbergs während und nach den Pogromereignissen: Peter C. Loewenberg/Peter B. Loewenberg, Requiem of a B-Man, Second Edition, Great Falls (Virginia/USA) 2013, S. 119–156.

19 Ebd.

20 Vgl. Christoph Picker u. a. (Hg.), Protestanten ohne Protest. Die evangelische Kirche der Pfalz im Nationalsozialismus, 2 Bde., Speyer/Leipzig 2016, Bd. 1, S. 356f.

21 Ausf. zum Fall des Pfarrers Julius von Jan: Röhm/Thierfelder, Juden – Christen – Deutsche, Bd. 3/I, S. 69–92. Im Jahr 2020 ist Angehörigen der Familie die Urkunde der Gedenkstätte Yad Vashem für Pfarrer Julius von Jan als „Gerechter unter den Völkern" verliehen worden.

Die protestantischen Deutschen und der Krieg

1 Vgl. Jochen Klepper, Unter dem Schatten deiner Flügel. Aus den Tagebüchern der Jahre 1932–1942, Stuttgart 1956, S. 786, 792, 797f.

2 Zum Augusterlebnis 1914 zu Beginn des Ersten Weltkriegs: Jeffrey Verhey, The Spirit of 1914. Militarism, Myth and Mobilization in Germany, Cambridge 2000; Manfred Gailus, „Ein Feld weiß und reif zu einer Geisteserernte liegt vor uns!" Deutsche Protestanten im Ersten Weltkrieg, in: Rolf Hosfeld (Hg.), Johannes Lepsius – eine deutsche Ausnahme. Der Völkermord an den Armeniern, Humanitarismus und Menschenrechte, Göttingen 2013, S. 95–109.

3 Der „Aufruf" ist abgedruckt in: Gesetzblatt der Deutschen Evangelischen Kirche vom 6.9.1939.

4 Zit. nach: Deutsche Evangelische Kirche: Kanzelabkündigung zum Erntedankfest 1939, in: ebd., 28.9.1939.

5 Zur kirchenpolitischen Haltung des Vertrauensrates und seinen Verlautbarungen insgesamt: Karl-Heinrich Melzer, Der Geistliche Vertrauensrat. Geistliche Leitung für die DEK im Zweiten Weltkrieg?, Göttingen 1991. Eine offizielle Stellungnahme der Bekennenden Kirche zum Kriegsbeginn hat es, soweit bekannt, nicht gegeben.

6 Studien zu Kriegserfahrungen und Kriegsalltag und insbesondere gründliche kirchen- und religionsgeschichtliche Monografien für die Zeit 1939–45 sind weiterhin eine Rarität. Vgl. allerdings Klaus Latzel, Deutsche Soldaten – nationalsozialistischer Krieg? Kriegserlebnis, Kriegserfahrung 1939–1945, Paderborn 2000; Dietmar Süß, Tod aus der Luft. Kriegsgesellschaft und Luftkrieg in Deutschland und England, München 2011; Nicholas Stargardt, Der deutsche Krieg 1939–1945, Frankfurt am Main 2015; David Schmiedel, „Du sollst nicht morden". Selbstzeugnisse christlicher Wehrmachtssoldaten aus dem Vernichtungskrieg gegen die Sowjetunion, Frankfurt am Main/New York 2017; Thomas Brodie, For Christ and Germany. German Catholicism and the Second World War, Oxford 2018. Vgl. ferner auch die Sammelbände: Bernd Hey (Hg.), Kirche in der Kriegszeit 1939–1945, Bielefeld 2005; Hermann Düringer/Jochen-Christoph Kaiser (Hg.), Kirchliches Leben im Zweiten Weltkrieg, Frankfurt am Main 2005; Karl Joseph Hummel/Christoph Kösters (Hg.), Kirchen im Krieg. Europa 1939–1945, Paderborn 2007.

7 Max Mehlfeld, Artikel „Das unverrückbare Ziel“, in: Positives Christentum. Wochenblatt für alle christlichen Aufbaukräfte im Dritten Reich, Nr. 1 vom 1.1.1940. Allgemein zu den Berliner Kirchenverhältnissen zur Kriegszeit: Wolfgang Wippermann, Kirche im Krieg, in: Erich Schuppan (Hg.), Bekenntnis in Not. Die Evangelische Kirche in Berlin-Brandenburg im Konflikt mit dem totalen Staat (1933–1945), Berlin 2000, S. 305–350.

8 Herbert Kitscha, Artikel „Der Christ im gerade begonnenen Krieg“, in: Parochialglocken Nr. 8, November 1939, S. 33.

9 Ebd., Nr. 1, April/Mai 1941, S. 3.

10 Hinweise zur Biografie in: Ulrich Bender, Kirchenmusiker im „Dritten Reich“. Wilhelm Bender (1911 bis 1944). Musiker an der Berliner Parochialkirche, Rottenburg a. N. 2011, bes. S. 152f.

11 Vgl. Hermann Priebe mit seiner Silvesterbilanz 1939 im Gemeindeblatt: Evangelische Kirche in Berlin-Grunewald, Nr. 52, Silvester 1939; ferner den Bericht über den Dankgottesdienst im April 1941 in: ebd., Nr. 19, 20.4.1941; zum Jahresende 1941: vgl. ebd., Nr. 54, 31.12.1941.

12 Oskar Söhngen vom 20.5.1941 an die „Amtsbrüder unter den Waffen“, zit. nach: Dawid Bartelt, Zwischen Mangelwirtschaft und hegemonialem Konflikt. Kirche und Gemeinde in Berlin 1939 bis 1945, in: Georg Uehlein (Hg.), Kreuz und Pickelhaube. Großstädtische Gesellschaft und Kirche zwischen 1850 und 1945 am Beispiel der Heilig-Kreuz-Gemeinde in Berlin, Berlin 1995, S. 307–343, hier S. 310.

13 Oskar Söhngen vom 15.12.1941 an die „Amtsbrüder unter den Waffen“, in: ebd., S. 342.

14 Ausf. zu Söhngen und seiner führenden Rolle als Referent für Kirchenmusik im „Dritten Reich“: Bender, Wilhelm Bender, bes. S. 249, Anm. 54.

15 Vgl. Fritz Söhlmann, Die evangelische Kirche und die Aufgaben im deutschen Osten, in: Junge Kirche 8, 1940, S. 178–190; zum Kontext s. auch Retter, Zeitschrift „Junge Kirche“, S. 330–350.

16 Rundschreiben Landesbischof Martin Sasse an die Pfarrer im Kriegseinsatz vom 23.4.1940, zit. nach Holger Weitenhagen, „Wie ein böser Traum …“. Briefe rheinischer und thüringischer evangelischer Theologen im Zweiten Weltkrieg aus dem Feld, Bonn 2006, S. 350.

17 Vgl. Weitenhagen, „Wie ein böser Traum …“; untersucht wird in dieser Studie die Kriegskorrespondenz aus drei unterschiedlichen Quellenbeständen der preußischen Kirchenprovinz des Rheinlands und der Landeskirche Thüringen, insgesamt über 7000 Briefdokumente. In der Mehrzahl handelt es sich um „Normalbriefe“, die nicht den Zensurmaßnahmen im Feldpostwesen unterlagen.

18 Nach Eintragungen im Tagebuch Pfarrer Martin Perwitz (1939–1945), unveröffentl. Manuskript, o. Paginierung. Zur Biografie und zu seinem Wirken als Berliner Gemeindepfarrer s. auch: Gailus, Protestantismus und Nationalsozialismus, S. 198–224.

19 Perwitz, Tagebuch, o. Paginierung.

20 Vgl. Klepper, Unter dem Schatten, S. 813, 848, Zit. 930, 931.

21 Vgl. ebd., S. 820; Gemeinderäte der Kirchengemeinden St. Andreas und Lazarus [in Berlin] (Hg.), 150 Jahre Evangelische Kirchengemeinde St. Andreas, Berlin 2004, S. 41; Bartelt, Mangelwirtschaft, S. 326f.

22 Vgl. Bartelt, Mangelwirtschaft, S. 331–334.

23 Ebd., S. 331f.

24 Klepper, Unter dem Schatten, S. 884.

25 Vgl. zu Gerhard Jacobi: Gailus, Protestantismus und Nationalsozialismus, S. 283f., 551–553.

26 Vgl. zum „Prüfungsprozess“: EZA, Bestand 50, Nr. 8: VKL/Urteil des Sondergerichts I beim Landgericht Berlin vom 22.12.1941 gegen Lic. Albertz u. a.

27 Kriegsmangelwirtschaft in den Kirchengemeinden: Bartelt, Mangelwirtschaft; Manfred Gailus, Absturz aus großer Höhe. Der Weg einer Berliner Kirchengemeinde vom Kaiserreich in die Katastrophe (1900–1950), unveröffentl. Manuskript Berlin 1989, S. 206–223. – Zum Kriegseinsatz der BK-Vikare: Noss, Martin Albertz, S. 456–471.

28 Vgl. Dietmar Süß, Glaube und Religiosität an der „Heimatfront“. Seelsorge und Luftkrieg 1939–1945, in: Gailus/Nolzen (Hg.), Zerstrittene „Volksgemeinschaft“, S. 227–256, bes. S. 232f.

29 Zit. nach: Tagebuch Pfarrer Perwitz.

30 Angaben nach: Totenbuch der Gemeinde Alt-Schöneberg (1940–1945); in: Archiv der Kirchengemeinde Alt-Schöneberg in Berlin; und Tagebuch Pfarrer Perwitz.

Die katholischen Deutschen und der Krieg

1 Vgl. hierzu die Tabelle 1 „Die Religionsgliederung des Deutschen Reiches nach der Volkszählung vom 17.5.1939“, in: Junginger, Deutsche Glaubensbewegung, S. 99.

2 Repräsentativ für die gängige katholische Zeitgeschichtsforschung ist: Karl-Joseph Hummel/Christoph Kösters (Hg.), Kirchen im Krieg. Europa 1939–1945, Paderborn usw. 2007; kritisch zur mangelnden konfessionellen Solidarität angesichts deutscher Gewalttaten gegen katholische Geistliche in Polen s. Thomas Brodie, German Catholicism at War, 1939–1945, Oxford 2018, S. 31–63, bes. S. 42–45.

3 Vgl. hierzu die Darstellung katholischer Kriegsdeutungen: Wilhelm Damberg, Krieg, Theologie und Kriegserfahrung, in: Hummel/Kösters (Hg.), Kirchen im Krieg, S. 203–215; Christoph Kösters, Kirche und Glaube an der „Heimatfront“. Katholische Lebenswelt und Kriegserfahrungen 1939–1945, in: ebd., S. 363–398; Annette Mertens, Deutsche Katholiken im Zweiten Weltkrieg, in: Karl-Joseph Hummel/Michael Kißener (Hg.), Die Katholiken und das Dritte Reich. Kontroversen und Debatten, Paderborn u. a. 2009, S. 197–215.

4 Joachim Kuropka (Hg.), Streitfall Galen. Studien und Dokumente, Münster 2007; ders., Galen. Wege und Irrwege der Forschung, Münster 2015; kritischer zu Galen: Beth A. Griech-Polelle, Bishop von Galen. German Catholicism and National Socialism, New Haven/London 2002; Hubert Wolf/Thomas Flammer/Barbara Schüler (Hg.), Clemens August Graf von Galen. Ein Kirchenfürst im Nationalsozialismus, Darmstadt 2007.

5 Vgl. Annette Mertens, Himmlers Klostersturm. Der Angriff auf katholische Einrichtungen im Zweiten Weltkrieg und die Wiedergutmachung nach 1945, Paderborn 2006; dies., NS-Kirchenpolitik im Krieg. Der Klostersturm und die Fremdnutzung katholischer Einrichtungen, in: Hummel/Kösters (Hg.), Kirchen im Krieg, S. 245–264.

6 Generell zur Eingaben- und Hirtenbrief-Politik der Bischöfe s. Antonia Leugers, Gegen eine Mauer bischöflichen Schweigens. Der Ausschuß für Ordensangelegenheiten und seine Widerstandskonzeption 1941 bis 1945, Frankfurt am Main 1996, S. 241–293; zum „Dekalog-Hirtenbrief“, S. 274–289.

7 Ulrich von Hehl/Christoph Kösters u. a. (Bearb.), Priester unter Hitlers Terror. Eine biographische und statistische Erhebung, Paderborn u. a. ^{4}1998.

8 Vgl. in diesem Sinne: Thomas Brechenmacher, Der Heilige Stuhl und die europäischen Mächte im Vorfeld und während des Zweiten Weltkriegs, in: Hummel/Kösters (Hg.), Kirchen im Krieg, S. 25–46.

9 Olaf Blaschke, Die Kirchen und der Nationalsozialismus, Stuttgart 2014, S. 192f., 198f., 243.

10 Vgl. Brodie, Catholicism at War; jetzt auch ders., Katholischer Glaube im Zweiten Weltkrieg, in: Blaschke/Großbölting (Hg.), Was glaubten die Deutschen, S. 139–160.

11 Brodie, Catholicism at War, S. 64–93.

12 Ebd., S. 168; kritisch zum angeblichen katholischen „religious revival" zu Kriegszeiten auch Benjamin Ziemann, Zur Entwicklung christlicher Religiosität in Deutschland und Westeuropa, 1900–1960, in: Christof Wulf/Matthias König (Hg.), Religion und Gesellschaft, Themenheft der Kölner Zeitschrift für Soziologie und Sozialpsychologie 65, Bd. 1, 2013, S. 99–122, hier S. 114.

13 Bericht (ca. 22.6.1943) in: Archiv des katholischen Militärbischofs Berlin, zit. n. Dagmar Pöpping, Kriegspfarrer an der Ostfront. Evangelische und katholische Wehrmachtseelsorge im Vernichtungskrieg 1941–1945, Göttingen 2017, S. 153.

14 Vgl. hierzu Pöpping, Kriegspfarrer, bes. S. 31–50, 78–118.

15 Das Zit. nach: Schmiedel, „Du sollst nicht morden", S. 166; das Buch enthält viele gleich oder ähnlich lautende Schriftzeugnisse von explizit christlich denkenden Wehrmachtsoldaten und ihren geistlichen Betreuern beider Konfessionen an der Kriegs- und Heimatfront.

16 Vgl. Antonia Leugers, Jesuiten in Hitlers Wehrmacht. Kriegslegitimation und Kriegserfahrung, Paderborn usw. 2009, bes. S. 93–96 (dort die Zit.); die Studie analysiert über 2600 Feldpostbriefe von Jesuiten aus der Niederdeutschen und Süddeutschen Provinz.

17 Vgl. Latzel, Deutsche Soldaten; aus Datenschutzgründen ist der Familienname geändert. In sämtlichen Zitaten wurde der Text im Originalzustand belassen.

18 Sämtliche Zitate (Orthografie im Original) nach Latzel, Deutsche Soldaten, S. 39–81 (in chronologischer Reihenfolge). Der Brief Hans Olte an den Bruder vom 22.6.1941 zit. nach ebd., S. 39.

19 Zit. n. ebd.

20 Ebd., S. 294–300.

Nationalsozialistische Gottgläubigkeit im Krieg

1 Zur Entwicklung der Kirchenaustritte s. Rainer Hering, Säkularisierung, Entkirchlichung, Dechristianisierung und Formen der Rechristianisierung bzw. Resakralisierung in Deutschland, in: Stefanie von Schnurbein/Justus H. Ulbricht (Hg.), Völkische Religion und Krisen der Moderne. Entwürfe „arteigener" Glaubenssysteme seit der Jahrhundertwende, Würzburg 2001, S. 120–164; Grüttner, Das Dritte Reich, S. 453, Tab. 22.

2 Vgl. u. a. Hitlers Tischgespräche im Führerhauptquartier 1941–1942. Aufgezeichnet von Henry Picker, hg. von Percy Ernst Schramm, Stuttgart 1963; Adolf Hitler. Monologe im Führerhauptquartier 1941–1944. Die Aufzeichnungen Heinrich Heims, Hg. von Werner Jochmann, Hamburg 1980; Elke Fröhlich/Institut für Zeitgeschichte München (Hg.), Die Tagebücher von Joseph Goebbels. Teil I: Aufzeichnungen 1923–1941, 14 Teilbde., München 1997–2006; Teil II: Diktate 1941–1945, 15 Bde., München 1993–1996; Alfred Rosenberg. Die Tagebücher von 1934 bis 1944, hg. von Jürgen Matthäus und Frank Bajohr, Frankfurt am Main 2015; Bradley F. Smith/Agnes F. Person (Hg.), Heinrich Himmler. Geheimreden 1933 bis 1945 und andere Ansprachen, Frankfurt am Main u. a. 1974.

3 Vgl. Matthäus/Bajohr (Hg.), Tagebücher Rosenberg, Eintragung vom 7.9.1941, S. 405–407, hier S. 407.

4 Das Rundschreiben Bormanns vom 9.6.1941 ist dokumentiert in: Gertraud Grünzinger/Carsten Nicolaisen (Bearb.), Dokumente zur Kirchenpolitik des Dritten Reiches, Bd. 5, Gütersloh 2008, S. 306–309. Vgl. hierzu auch Nolzen, Nationalsozialismus und Christentum, S. 151f., 169f.

5 Vgl. Matthes Ziegler, Soldatenglaube – Soldatenehre. Ein deutsches Brevier für Hitler-Soldaten, Berlin 1939; Zit. S. 54. Bereits 1940 er-

reichte das Heft eine Auflage von 300 000 Exemplaren. Zur Biografie Zieglers s. Gailus, Matthes Ziegler.

6 Vgl. Gailus, Matthes Ziegler, S. 960f.

7 Vgl. Gunter d'Alquen (Hg.), Das ist der Sieg. Briefe des Glaubens in Aufbruch und Krieg, Berlin 1941, Zit. S. 113f. Zur Biografie: Werner Augustinovic/Martin Moll, Gunter d'Alquen. Propagandist des SS-Staates, in: Ronald Smelser/Enrico Syring (Hg.), Die SS. Eine Elite unter dem Totenkopf. 30 Lebensläufe, Paderborn 2000, S. 100–118.

8 Zu Ziegler als Schriftleiter der NS-Monatshefte: Matthes Ziegler, Von Rosenberg zu Niemöller (unveröffentl. Memoiren, ca. 1986–87), S. 32f.; zu d'Alquen s. Mario Zeck, Das Schwarze Korps. Geschichte und Gestalt des Organs der Reichsführung SS, Tübingen 2002.

9 Vgl. Völkischer Beobachter vom 17.12.1941; zur Biografie Hanns Kerrls: Heike Kreutzer, Das Reichskirchenministerium im Gefüge der nationalsozialistischen Herrschaft, Düsseldorf 2000; Gailus, „Nationalsozialistische Christen", S. 243–245; Hansjörg Buss, Das Reichskirchenministerium unter Hanns Kerrl und Hermann Muhs, in: Gailus (Hg.), Täter und Komplizen, S. 140–170.

10 Vgl. den Bericht in Völkischer Beobachter vom 10.6.1942 (Wiener Ausgabe).

11 Zu den diversen mit NS-Feiergestaltung befassten Abteilungen und deren Kompetenzstreitigkeiten s. Vondung, Formen des Religiösen, S. 89–105. Zu den Schwierigkeiten einer Umsetzung neuer NS-Riten zu Kriegszeiten s. auch Black, Death in Berlin, bes. S. 85–100.

12 Vgl. Fröhlich/Institut für Zeitgeschichte (Hg.), Tagebücher von Joseph Goebbels. Teil II: Diktate, Bd. 6, S. 131.

13 Vgl. Heinz Boberach (Hg.), Meldungen aus dem Reich 1938–1945. Die geheimen Lageberichte des Sicherheitsdienstes der SS, Bd. 15, Herrsching 1984, S. 6114–18.

14 Vgl. Reinhard Bollmus, Das Amt Rosenberg und seine Gegner. Studien zum Machtkampf im nationalsozialistischen Herrschaftssystem, Stuttgart 1970, S. 113f.; ferner Esther Gajek, „Feiergestaltung". Zur planmäßigen Entwicklung eines „aus nationalsozialistischer Weltanschauung geborenen, neuen arteigenen Brauchtums" am Amt Rosenberg, in: von Schnurbein/Ulbricht (Hg.), Völkische Religion und Krisen der Moderne, S. 386–408, bes. S. 404f.

15 Zit. nach Klaus Vondung, Magie und Manipulation. Ideologischer Kult und politische Religion des Nationalsozialismus, Göttingen 1971, S. 109; zum allmählichen Umkippen der Stimmung angesichts des Massensterbens durch Luftangriffe auf deutsche Städte s. auch Stargardt, Der deutsche Krieg, bes. S. 458–461; ferner Brodie, Catholicism at War, S. 160–169.

Protestanten, Katholiken und Holocaust

1 Vgl. zu diesen Vorgängen Manfred Gailus, Gegen den Mainstream der Hitlerzeit. Der Wuppertaler Theologe Helmut Hesse (1916–1943), Bremen/Wuppertal 2019, S. 48–50, 54f.

2 Ebd., S. 57–65.

3 Zum Münchener Laienbrief s. Röhm/Thierfelder, Juden – Christen – Deutsche, Bd. 4/II, S. 283–309.

4 Vgl. oben, S. 99–101, 106–109.

5 Zum Fall Staritz s. Hannelore Erhart/Ilse Meseberg-Haubold/Dietgard Meyer, Katharina Staritz 1903–1953. Dokumentation Bd. 1: 1903–1942. *Mit einem Exkurs Elisabeth Schmitz*, Neukirchen-Vluyn 1999; Gerhard Lindemann, Katharina Staritz. Widerstehen im Dienst an Christen jüdischer Herkunft, in: Gailus/Vollnhals (Hg.), Mit Herz und Verstand, S. 147–162. Zur Haftzeit in Ravensbrück s. Sabine Arend/Insa Eschebach (Hg.), Ravensbrück: Christliche Frauen im Konzentrationslager 1939–1945, Berlin 2018, bes. S. 25–28.

6 Zu den Bremer Vorgängen s. Röhm/Thierfelder, Juden – Christen – Deutsche, Bd.4/I, S. 76–99.

7 Zur Verbreitung von Holocaustwissen in der NS-Gesellschaft s. Peter Longerich, „Davon haben wir nichts gewusst!" Die Deutschen und die Judenverfolgung 1933–1945, München 2006; Bernward Dörner, Die Deutschen und der Holocaust. Was niemand wissen wollte, aber jeder wissen konnte, Berlin 2007.

8 Vgl. zum Fall Gerstein: Röhm/Thierfelder, Juden – Christen – Deutsche, Bd. 4/II, S. 60–83; ferner Friedländer, Das Dritte Reich, Bd. 2, S. 487f., 568f.

9 Zum Hilfswerk s. Röhm/Thierfelder, Juden – Christen – Deutsche, Bd. 4/I, S. 264–282; ferner Jana Leichsenring, Die Katholische Kirche

und „ihre Juden". Das „Hilfswerk beim Bischöflichen Ordinariat Berlin" 1938–1945, Berlin 2007, bes. S. 182–261.

10 Vgl. Röhm/Thierfelder, Juden – Christen – Deutsche, Bd. 4/I, S. 277–279; Leichsenring, Die Katholische Kirche und „ihre Juden", S. 222–261.

11 Schreiben Kardinal Bertram vom 17.4.1944 an Generalvikar Maximilian Prange in Berlin; zit. nach Röhm/Thierfelder, Juden – Christen – Deutsche, Bd. 4/I, S. 280f.

12 Vgl. zum „Büro Pfarrer Grüber": Hartmut Ludwig, An der Seite der Entrechteten und Schwachen. Zur Geschichte des „Büro Pfarrer Grüber" (1938 bis 1940) und der Ev. Hilfsstelle für ehemals Rasseverfolgte nach 1945, Berlin 2009.

13 Röhm/Thierfelder, Juden – Christen – Deutsche, Bd. 4/I, S. 282; zu Gertrud Luckner s. ebd., S. 299–317; zur Biografie Margarete Sommer auch: Leichsenring, Die Katholische Kirche und „ihre Juden", S. 191–198.

14 Für die Katholiken vgl. Leugers, Ausschuß für Ordensangelegenheiten, bes. S. 241–293.

15 Vgl. Röhm/Thierfelder, Juden – Christen – Deutsche, Bd. 4/II, S. 254–282.

16 Dokumentation des Briefs in: ebd., S. 664–666, Zit. S. 664f.

17 Vgl. ebd., Schreiben Bischof Wurm an Minister Lammers vom 20.12.1943; Antwortschreiben Lammers an Wurm vom 3.3.1944; zit. n. ebd., S. 270f. Eine umfassende Biografie zu Bischof Wurm fehlt noch immer. Vgl. jedoch David Diephouse, Theophil Wurm (1868–1953), in: Rainer Lächele/Jörg Thierfelder (Hg.), Wir konnten uns nicht entziehen. 30 Porträts zu Kirche und Nationalsozialismus in Württemberg, Stuttgart 1998, S. 13–33. Jetzt auch: Siegfried Hermle, Theophil Wurm – zum Stand der Forschung, in: Blätter für württembergische Kirchengeschichte 119/120, 2019/2020, Bd. 1, S. 155–182.

18 Zu kirchlichen Tätern und Komplizen bei Verfolgung und Vernichtung s. Gailus (Hg.), Täter und Komplizen.

19 Zahlreiche Beispiele für kirchliche Exklusionen zu Kriegszeiten in: Röhm/Thierfelder, Juden – Christen – Deutsche, Bd. 4/I und 4/II.

20 Vgl. hierzu Gailus (Hg.), Kirchliche Amtshilfe; zu Themel vgl. ders., Pfarrer Karl Themel; zu Mecklenburg: Johann Peter Wurm, „Vom

‚Rohstoff' Kirchenbücher zum ‚Veredelungsprodukt' deutschblütiger Volksaufbau". Pastor Edmund Albrecht und die mecklenburgische Sippenkanzlei (1934–1945), in: ebd., S. 48–81; jetzt auch zum landeskirchlichen Kontext in Mecklenburg: Peter, Lutherrose und Hakenkreuz.

21 Zu Beyer s. Dagmar Pöpping, Der schreckliche Gott des Hermann Wolfgang Beyer. Sinnstiftungsversuche eines Kirchenhistorikers zwischen Katheder und Massengrab, in: Gailus/Vollnhals (Hg.), Völkische Theologen, S. 261–278, hier S. 271–274; dies., Kriegspfarrer, bes. S. 165.

22 Zum „Fall Hoff" s. Gailus, Protestantismus und Nationalsozialismus, S. 427–439; ders., Pfarrer Walter Hoff und das Berliner Drei-Religionen-Haus: Eine Vergangenheit, die nicht vergehen will, in: ders./ Vollnhals (Hg.), Völkische Theologen, S. 299–317.

23 Zur Nachkriegsgeschichte dieses mutmaßlichen kirchlichen Kriegsverbrechers s. Gailus, Pfarrer Walter Hoff, S. 312–315; und Dagmar Pöpping, Zwischen Kriegsverbrechen und Pfarramt. Walter Hoff und die evangelische Kirche, in: ZfG 61, 2013, S. 197–210.

Literaturverzeichnis

Abrath, Gottfried, Subjekt und Milieu im NS-Staat. Die Tagebücher des Pfarrers Hermann Klugkist Hesse 1936–1939, Göttingen 1994

Ahlheim, Hannah, „Deutsche kauft nicht bei Juden!" Antisemitismus und politischer Boykott in Deutschland 1924 bis 1935, Göttingen 2011

Arnhold, Oliver, „Entjudung" – Kirche im Abgrund. Die Thüringer Kirchenbewegung Deutsche Christen 1928–1939 und das „Institut zur Erforschung und Beseitigung des jüdischen Einflusses auf das deutsche kirchliche Leben" (1939–1945), Berlin 2010

Assel, Heinrich, Emanuel Hirsch. Völkisch-politischer Theologe der Luther-Renaissance, in: Gailus/Vollnhals (Hg.), Völkische Theologen, S. 43–67

Auffarth, Christoph, Drittes Reich, in: Lucian Hölscher/Volkhard Krech (Hg.), Handbuch Religionsgeschichte 20. Jahrhundert – Epochen und Themen (= Handbuch der Religionsgeschichte im deutschsprachigen Raum, Bd. 6,1), Paderborn 2015, S. 113–134

Bärsch, Claus-Ekkehard, Die politische Religion des Nationalsozialismus, München [2]2002

Baranowski, Shelley/Armin Nolzen/Claus-Christian W. Szejnmann (Hg.), A Companion to Nazi Germany, Hoboken (USA)/Chichester (GB) 2018

Bartelt, Dawid, Zwischen Mangelwirtschaft und hegemonialem Konflikt. Kirche und Gemeinde in Berlin 1939 bis 1945, in: Georg Uehlein (Hg.), Kreuz und Pickelhaube. Großstädtische Gesellschaft und Kirche zwischen 1850 und 1945 am Beispiel der Heilig-Kreuz-Gemeinde in Berlin, Berlin 1995, S. 307–343

Baumann, Schaul, Die Deutsche Glaubensbewegung und ihr Gründer Jakob Wilhelm Hauer (1881–1962), Marburg 2005

Behrenbeck, Sabine, Der Kult um die toten Helden. Nationalsozialistische Mythen, Riten und Symbole 1932 bis 1945, Vierow bei Greifswald 1996

Bender, Ulrich, Kirchenmusiker im „Dritten Reich“. Wilhelm Bender (1911 bis 1944). Musiker an der Berliner Parochialkirche, Rottenburg a. N. 2011

Benz, Wolfgang, Gewalt im November 1938. Die „Reichskristallnacht“ – Initial zum Holocaust, Berlin 2018

Bergen, Doris L., Twisted Cross. The German Christian Movement in the Third Reich, Chapel Hill 1996

Besier, Gerhard, Die Kirchen und das Dritte Reich. Spaltungen und Abwehrkämpfe 1934–1937, Berlin/München 2001

Bethge, Eberhard, Dietrich Bonhoeffer. Eine Biographie, Gütersloh [8]1994

Black, Monica, Death in Berlin. From Weimar to Divided Germany, Cambridge/New York usw. 2010

Blaschke, Olaf, Die „Reichspogromnacht“ und die Haltung von katholischer Bevölkerung und Kirche, in: Zeitschrift für Religions- und Geistesgeschichte 52, 2000, H. 1, S. 47–74

ders., „Wenn irgendeine Geschichtszeit, so ist die unsere eine Männerzeit“. Konfessionsgeschichtliche Zuschreibungen im Nationalsozialismus, in: Gailus/Nolzen (Hg.), Zerstrittene „Volksgemeinschaft“, S. 34–65

ders., Die Kirchen und der Nationalsozialismus, Stuttgart 2014

ders./Thomas Großbölting (Hg.), Was glaubten die Deutschen zwischen 1933 und 1945? Religion und Politik im Nationalsozialismus, Frankfurt am Main 2020

Brechenmacher, Thomas, Der Heilige Stuhl und die europäischen Mächte im Vorfeld und während des Zweiten Weltkriegs, in: Hummel/Kösters (Hg.), Kirchen im Krieg, S. 25–46

Brodie, Thomas, German Catholicism at War, 1939–1945, Oxford 2018

Bucher, Rainer, Hitlers Theologie. Die Verkündigung einer Erwählung, in: Scherzberg (Hg.), Theologie und Vergangenheitsbewältigung, S. 71–85

ders., Hitlers Theologie, Würzburg 2008

Buddrus, Michael, Totale Erziehung für den totalen Krieg. Hitlerjugend und nationalsozialistische Jugendpolitik, München 2003

Büttner, Ursula/Martin Greschat, Die verlorenen Kinder der Kirche. Der Umgang mit Christen jüdischer Herkunft im „Dritten Reich“, Göttingen 1998

Buss, Hansjörg, „Entjudete“ Kirche. Die Lübecker Landeskirche zwischen christlichem Antijudaismus und völkischem Antisemitismus (1918–1950), Paderborn 2011 ders., Das Reichskirchenministerium unter Hanns Kerrl und Hermann Muhs, in: Gailus (Hg.),Täter und Komplizen, S. 140–170

Confino, Alon, A World without Jews. The Nazi Imagination from Persecution to Genocide, New Haven/London 2014

Damberg, Wilhelm, Krieg, Theologie und Kriegserfahrung, in: Hummel/Kösters (Hg.), Kirchen im Krieg, S. 203–215

Dierker, Wolfgang, Himmlers Glaubenskrieger. Der Sicherheitsdienst der SS und seine Religionspolitik 1933–1941, Paderborn 2002

Dörner, Bernward, Die Deutschen und der Holocaust. Was niemand wissen wollte, aber jeder wissen konnte, Berlin 2007

Düringer, Hermann/Jochen-Christoph Kaiser (Hg.), Kirchliches Leben im Zweiten Weltkrieg, Frankfurt am Main 2005

Endlich, Stefanie/Monica Geyler-von Bernus/Beate Rossié (Hg.), Christenkreuz und Hakenkreuz. Kirchenbau und sakrale Kunst im Nationalsozialismus, Berlin 2008

Erhart, Hannelore/Ilse Meseberg-Haubold/Dietgard Meyer, Katharina Staritz 1903–1953. Dokumentation Bd. 1: 1903–1942. *Mit einem Exkurs Elisabeth Schmitz*, Neukirchen-Vluyn 1999

Ericksen, Robert P., Theologen unter Hitler. Das Bündnis von evangelischer Dogmatik und Nationalsozialismus, München 1986

Evans, Richard J., Das Dritte Reich, 3 Bde., München 2004–2007

Falter, Jürgen W., Hitlers Wähler, München 1991

ders., Hitlers Parteigenossen. Die Mitglieder der NSDAP 1919–1945, Frankfurt am Main/New York 2020

Forstner, Thomas, Priester in Zeiten des Umbruchs. Identität und Lebenswelt des katholischen Pfarrklerus in Oberbayern, Göttingen 2014

ders., Braune Priester – Katholische Geistliche im Spannungsfeld von Katholizismus und Nationalsozialismus, in: Gailus (Hg.), Täter und Komplizen, S. 113–139

Friedländer, Saul, Das Dritte Reich und die Juden. Bd. 1: Die Jahre der Verfolgung 1933–1939, München 1998

ders., Das Dritte Reich und die Juden. Bd. 2: Die Jahre der Vernichtung 1939–1945, München 2006

Fritsche, Jana/Christoph Kreutzmüller, Eine Topographie der Gewalt. Übergriffe auf Jüdinnen und Juden im Deutschen Reich 1930–1938, in: ZfG 68, 2020, Heft 6, S. 493–517

Fritz, Hartmut, Otto Dibelius. Ein Kirchenmann in der Zeit zwischen Monarchie und Diktatur, Göttingen 1998

Fröhlich, Elke/Institut für Zeitgeschichte München (Hg.), Die Tagebücher von Joseph Goebbels. Teil I: Aufzeichnungen 1923–1941, 14 Teilbde., München 1997–2006; Teil II: Diktate 1941–1945, 15 Bde., München 1993–1996

Fulbrook, Mary, Social Relations and Bystander Responses to Violence: Kristallnacht November 1938, in: Ross/Gruner (Hg.), Kristallnacht, S. 69–87

Gailus, Manfred, Protestantismus und Nationalsozialismus. Studien zur nationalsozialistischen Durchdringung des protestantischen Sozialmilieus in Berlin, Köln/Weimar/Wien 2001

ders./Hartmut Lehmann (Hg.), Nationalprotestantische Mentalitäten in Deutschland (1870–1970). Konturen, Entwicklungslinien und Umbrüche eines Weltbildes, Göttingen 2005

ders./Wolfgang Krogel (Hg.), Von der babylonischen Gefangenschaft der Kirche im Nationalen. Regionalstudien zu Protestantismus, Nationalsozialismus und Nachkriegsgeschichte 1930 bis 2000, Berlin 2006

ders., Vom „gottgläubigen" Kirchenkämpfer Rosenbergs zum „christgläubigen" Pfarrer Niemöllers: Matthes Zieglers wunderbare Wandlungen im 20. Jahrhundert, in: ZfG 54, 2006, H. 11, S. 937–973

ders. (Hg.), Kirchliche Amtshilfe. Die Kirche und die Judenverfolgung im „Dritten Reich", Göttingen 2008

ders., „Hier werden täglich drei, vier Fälle einer nichtarischen Abstammung aufgedeckt". Pfarrer Karl Themel und die Kirchenbuchstelle Alt-Berlin, in: ders. (Hg.), Kirchliche Amtshilfe, S. 82–100

ders., „Mir aber zerriss es das Herz". Der stille Widerstand der Elisabeth Schmitz, Göttingen 2010

ders./Armin Nolzen (Hg.), Zerstrittene „Volksgemeinschaft". Glaube, Konfession und Religion im Nationalsozialismus, Göttingen 2011

ders./Clemens Vollnhals (Hg.), Mit Herz und Verstand. Protestantische Frauen im Widerstand gegen die NS-Rassenpolitik, Göttingen 2013

ders. (Hg.), Täter und Komplizen in Theologie und Kirchen 1933–1945, Göttingen 2015

ders./Clemens Vollnhals (Hg.), *Für ein artgemäßes Christentum der Tat.* Völkische Theologen im „Dritten Reich", Göttingen 2016 ders., Pfarrer Walter Hoff und das Berliner Drei-Religionen-Haus: Eine Vergangenheit, die nicht vergehen will, in: ders./Vollnhals (Hg.), Völkische Theologen, S. 299–317

ders., Gegen den Mainstream der Hitlerzeit. Der Wuppertaler Theologe Helmut Hesse (1916–1943), Bremen/Wuppertal 2019

ders./Clemens Vollnhals (Hg.), Christlicher Antisemitismus im 20. Jahrhundert. Der Tübinger Theologe und „Judenforscher" Gerhard Kittel, Göttingen 2020

Gajek, Esther, „Feiergestaltung". Zur planmäßigen Entwicklung eines „aus nationalsozialistischer Weltanschauung geborenen, neuen arteigenen Brauchtums" am Amt Rosenberg, in: von Schnurbein/Ulbricht (Hg.), Völkische Religion und Krisen der Moderne, S. 386–408

Graf, Friedrich Wilhelm/Hans Günter Hockerts (Hg.), Distanz und Nähe zugleich? Die christlichen Kirchen im „Dritten Reich", München 2017

Griech-Polelle, Beth A., Bishop von Galen. German Catholicism and National Socialism, New Haven/London 2002

Gross, Raphael, November 1938. Die Katastrophe vor der Katastrophe, München 2013

Große Kracht, Klaus, Katholischer Glaube zwischen „Volksgemeinschaft" und „Reich Gottes". Kirchlich-konfessionelle Großveranstaltungen in Berlin im Jahr 1933, in: Blaschke/Großbölting (Hg.), Was glaubten die Deutschen, S. 267–292

Grünzig, Matthias, Für Deutschtum und Vaterland. Die Potsdamer Garnisonkirche im 20. Jahrhundert, Berlin 2017

Grünzinger, Gertraud/Carsten Nicolaisen (Bearb.), Dokumente zur Kirchenpolitik des Dritten Reiches, Bd. 5, Gütersloh 2008

Grüttner, Michael, Das Dritte Reich 1933–1939 (Gebhardt Handbuch der deutschen Geschichte, Bd. 19), Stuttgart 2014

Heim, Susanne (Bearb.), Die Verfolgung und Ermordung der europäischen Juden durch das nationalsozialistische Deutschland 1933–1945. Bd. 2: Deutsches Reich 1938–August 1939, München 2009

Hering, Rainer, Säkularisierung, Entkirchlichung, Dechristianisierung und Formen der Rechristianisierung bzw. Resakralisierung in Deutschland, in: von Schnurbein/Ulbricht (Hg.), Völkische Religion und Krisen der Moderne, S. 120–164

Heschel, Susannah, The Aryan Jesus. Christian Theologians and the Bible in Nazi Germany, Princeton 2008

Hockerts, Hans Günter, War der Nationalsozialismus eine politische Religion? Über Chancen und Grenzen eines Erklärungsmodells, in: Klaus Hildebrandt (Hg.), Zwischen Politik und Religion. Studien zur Entstehung, Existenz und Wirkung des Totalitarismus, München 2003, S. 45–71

Hölscher, Lucian, Geschichte der protestantischen Frömmigkeit in Deutschland, München 2005

Hoth, Christiane/Markus Raasch (Hg.), Eichstätt im Nationalsozialismus. Katholisches Milieu und Volksgemeinschaft, Münster 2017

Hummel, Karl-Joseph/Christoph Kösters (Hg.), Kirchen im Krieg. Europa 1939–1945, Paderborn 2007

Hummel, Karl-Joseph/Michael Kißener (Hg.), Die Katholiken und das Dritte Reich. Kontroversen und Debatten, Paderborn 2009

Jochmann, Werner (Hg.), Adolf Hitler. Monologe im Führerhauptquartier 1941–1944. Die Aufzeichnungen Heinrich Heims, Hamburg 1980

Junginger, Horst, Von der philologischen zur völkischen Religionswissenschaft, Stuttgart 1999

ders., Die Verwissenschaftlichung der „Judenfrage" im Nationalsozialismus, Darmstadt 2011

ders., Die Deutsche Glaubensbewegung als ideologisches Zentrum der völkisch-religiösen Bewegung, in: Puschner/Vollnhals (Hg.), Völkisch-religiöse Bewegung, S. 65–102

Klepper, Jochen, Unter dem Schatten deiner Flügel. Aus den Tagebüchern der Jahre 1932–1942, Stuttgart 1956

Kösters, Christoph, Kirche und Glaube an der „Heimatfront". Katholische Lebenswelt und Kriegserfahrungen 1939–1945, in: Hummel/Kösters (Hg.), Kirchen im Krieg, S. 363–398

Kuropka, Joachim, Galen. Wege und Irrwege der Forschung, Münster 2015

Latzel, Klaus, Deutsche Soldaten – nationalsozialistischer Krieg? Kriegserlebnis, Kriegserfahrung 1939–1945, Paderborn 2000

Leichsenring, Jana, Die Katholische Kirche und „ihre Juden". Das „Hilfswerk beim Bischöflichen Ordinariat Berlin" 1938–1945, Berlin 2007

Leugers, Antonia, Gegen eine Mauer bischöflichen Schweigens. Der Ausschuß für Ordensangelegenheiten und seine Widerstandskonzeption 1941 bis 1945, Frankfurt am Main 1996 dies., Jesuiten in Hitlers Wehrmacht. Kriegslegitimation und Kriegserfahrung, Paderborn usw. 2009

Lindemann, Gerhard, Katharina Staritz. Widerstehen im Dienst an Christen jüdischer Herkunft, in: Gailus/Vollnhals (Hg.), Mit Herz und Verstand, S. 147–162

ders., „All seine Sorge galt dem Gedanken, einen Einklang herzustellen zwischen dem Dritten Reich und der Kirche". Der Thüringer Landesbischof Martin Sasse, in: Gailus/Vollnhals (Hg.), Völkische Theologen, S. 151–169

Loewenberg, Peter C./Peter B. Loewenberg, Requiem of a B-Man, Second Edition, Great Falls (Virginia/USA) 2013

Longerich, Peter, „Davon haben wir nichts gewusst!" Die Deutschen und die Judenverfolgung 1933–1945, München 2006

ders., Heinrich Himmler. Biographie, München 2008

Ludwig, Hartmut, An der Seite der Entrechteten und Schwachen. Zur Geschichte des „Büro Pfarrer Grüber" (1938 bis 1940) und der Ev. Hilfsstelle für ehemals Rasseverfolgte nach 1945, Berlin 2009

Maier, Hans (Hg.), Politische Religionen. Die totalitären Regime und das Christentum, Paderborn 1996

Matthäus, Jürgen/Frank Bajohr (Hg.), Alfred Rosenberg. Die Tagebücher von 1934 bis 1944, Frankfurt am Main 2015

Melzer, Karl-Heinrich, Der Geistliche Vertrauensrat. Geistliche Leitung für die DEK im Zweiten Weltkrieg?, Göttingen 1991

Mertens, Annette, Himmlers Klostersturm. Der Angriff auf katholische Einrichtungen im Zweiten Weltkrieg und die Wiedergutmachung nach 1945, Paderborn 2006

dies., NS-Kirchenpolitik im Krieg. Der Klostersturm und die Fremdnutzung katholischer Einrichtungen, in: Hummel/Kösters (Hg.), Kirchen im Krieg, S. 245–264

dies., Deutsche Katholiken im Zweiten Weltkrieg, in: Hummel/Kißener (Hg.), Katholiken, S. 197–215

Nanko, Ulrich, Die deutsche Glaubensbewegung. Eine historische und soziologische Untersuchung, Marburg 1993

Niemöller, Martin, Dahlemer Predigten. Kritische Ausgabe (hg. v. Michael Heymel), Gütersloh 2011

Nipperdey, Thomas, Religion im Umbruch. Deutschland 1870–1918, München 1988 ders., Deutsche Geschichte 1866–1918. Bd. I: Arbeitswelt und Bürgergeist, München 1990

Nolzen, Armin, Nationalsozialismus und Christentum. Konfessionsgeschichtliche Befunde zur NSDAP, in: Gailus/Nolzen (Hg.), Zerstrittene „Volksgemeinschaft“, S. 151–179

ders., Der Bund Deutscher Mädel (BDM) als „Glaubensgemeinschaft“. Zur Entwicklung einer nationalsozialistischen Jugendorganisation nach 1933, in: Blaschke/Großbölting (Hg.), Was glaubten die Deutschen, S. 161–182

Peter, Ulrich, Walther Schultz und Heinrich Schwartze – zwei deutsche Theologenkarrieren in drei Systemen, in: Gailus/Vollnhals (Hg.), Völkische Theologen, S. 171–187

ders., Lutherrose und Hakenkreuz. Die Deutschen Christen und der Bund der nationalsozialistischen Pastoren in der evangelisch-lutherischen Kirche Mecklenburgs, Kiel 2020

Picker, Christoph u. a. (Hg.), Protestanten ohne Protest. Die evangelische Kirche der Pfalz im Nationalsozialismus, 2 Bde., Speyer/Leipzig 2016

Piper, Ernst, Alfred Rosenberg. Hitlers Chefideologe, München 2005

Pöpping, Dagmar, Zwischen Kriegsverbrechen und Pfarramt. Walter Hoff und die evangelische Kirche, in: ZfG 61, 2013, S. 197–210

dies., Der schreckliche Gott des Hermann Wolfgang Beyer. Sinnstiftungsversuche eines Kirchenhistorikers zwischen Katheder und Massengrab, in: Gailus/Vollnhals (Hg.), Völkische Theologen, S. 261–278

dies., Kriegspfarrer an der Ostfront. Evangelische und katholische Wehrmachtseelsorge im Vernichtungskrieg 1941–1945, Göttingen 2017

Poewe, Karla, New Religions and the Nazis, New York/London 2006

Puschner, Uwe/Walter Schmitz/Justus H. Ulbricht (Hg.), Handbuch zur „Völkischen Bewegung“ 1871–1918, München u. a. 1996

ders./Clemens Vollnhals (Hg.), Die völkisch-religiöse Bewegung im Nationalsozialismus. Eine Beziehungs- und Konfliktgeschichte, Göttingen 2012

Raasch, Markus, Das ‚schwarze‘ Eichstätt ist braun geworden – katholische Lebenswelt und „Volksgemeinschaft“, in: Blaschke/Großbölting (Hg.), Was glaubten die Deutschen, S. 83–111

Reese, Dagmar (Hg.), Die BDM-Generation. Weibliche Jugendliche in Deutschland und Österreich im Nationalsozialismus, Berlin 2007

Retter, Ralf, Zwischen Protest und Propaganda. Die Zeitschrift „Junge Kirche“ im Dritten Reich, München 2009

Ring, Klaus/Stefan Wunsch (Hg.), Bestimmung Herrenmensch. NS-Ordensburgen zwischen Faszination und Verbrechen, Dresden 2013

Rißmann, Michael, Hitlers Gott. Vorsehungsglaube und Sendungsbewusstsein des deutschen Diktators, Zürich/München 2001

Röhm, Eberhard/Jörg Thierfelder, Juden – Christen – Deutsche, Bd. 3/II: 1938–1941, Stuttgart 1995

dies., Juden – Christen – Deutsche, Bd. 4/I: 1941–1945, Stuttgart 2004

dies., Juden – Christen – Deutsche, Bd. 4/II: 1941–1945, Stuttgart 2007

Ross, Steven J. /Wolf Gruner (Hg.), New Perspectives on Kristallnacht: After 80 Years, the Nazi Pogrom in Global Comparison, Purdue University Press 2019

Schäberle-Koenigs, Gerhard, „Und sie waren täglich einmütig beieinander“. Der Weg der Bekennenden Gemeinde Berlin/Dahlem 1937–1943 mit Helmut Gollwitzer, Gütersloh 1998

Scherzberg, Lucia, Kirchenreform mit Hilfe des Nationalsozialismus. Karl Adam als kontextueller Theologe, Darmstadt 2001

dies. (Hg.), Theologie und Vergangenheitsbewältigung. Eine kritische Bestandsaufnahme im interdisziplinären Vergleich, Paderborn u. a. 2005

dies., Zwischen Partei und Kirche. Nationalsozialistische Priester in Österreich und Deutschland (1938–1944), Frankfurt am Main/New York 2020

Schmidt, Kurt Dietrich (Hg.), Die Bekenntnisse und grundsätzlichen Äußerungen zur Kirchenfrage des Jahres 1933, Bd. 1, Göttingen 1934

ders. (Hg.), Die Bekenntnisse und grundsätzlichen Äußerungen zur Kirchenfrage des Jahres1934, Bd. 2, Göttingen 1935

ders. (Hg.), Die Bekenntnisse und grundsätzlichen Äußerungen zur Kirchenfrage des Jahres1935, Bd. 3, Göttingen 1936

Schmiedel, David, „Du sollst nicht morden“. Selbstzeugnisse christlicher Wehrmachtssoldaten aus dem Vernichtungskrieg gegen die Sowjetunion, Frankfurt am Main/New York 2017

Schneider, Thomas Martin, Wem gehört Barmen? Das Gründungsdokument der Bekennenden Kirche und seine Wirkungen, Leipzig 2017

Schnurbein, Stefanie von/Justus H. Ulbricht (Hg.), Völkische Religion und Krisen der Moderne. Entwürfe „arteigener" Glaubenssysteme seit der Jahrhundertwende, Würzburg 2001

Scholder, Klaus, Die Kirchen und das Dritte Reich. Bd. I: Vorgeschichte und Zeit der Illusionen 1918–1934, Frankfurt am Main/Berlin 1977

ders., Die Kirchen und das Dritte Reich. Bd. 2: Das Jahr der Ernüchterung 1934 – Barmen und Rom, Frankfurt am Main/Berlin 1985

Schramm, Percy Ernst (Hg.), Hitlers Tischgespräche im Führerhauptquartier 1941–1942. Aufgezeichnet von Henry Picker, Stuttgart 1963

Spicer, Kevin P., Resisting the Third Reich. The Catholic Clergy in Hitler's Berlin, Northern Illinois University Press 2004

ders., Hitler's Priests. Catholic Clergy and National Socialism, Northern Illinois University Press 2008

ders., „Tu ich unrecht, … ein guter Priester und ein guter Nationalsozialist zu sein?". Zum Verhältnis zwischen Katholizismus und Nationalsozialismus, in: Gailus/Nolzen (Hg.), Zerstrittene „Volksgemeinschaft", S. 66–95

Stargardt, Nicolas, Der deutsche Krieg 1939–1945, Frankfurt am Main 2015

Steigmann-Gall, Richard, The Holy Reich. Nazi Conceptions of Christianity, 1919–1945, Cambridge 2003

Steinweis, Alan E., Kristallnacht 1938. Ein deutscher Pogrom, Stuttgart 2011

Süß, Dietmar/Winfried Süß (Hg.), Das „Dritte Reich". Eine Einführung, München 2008

Süß, Dietmar, Tod aus der Luft. Kriegsgesellschaft und Luftkrieg in Deutschland und England, München 2011

Thamer, Hans-Ulrich, Heilsversprechen und Sendungsbewusstsein – der „neue Mensch" in der Ikonografie und im politischen Kult der NS-Ordensburgen, in: Ring/Wunsch (Hg.), NS-Ordensburgen, S. 274–281

ders., „Wir tragen das Hakenkreuz in unsere Kirche." Religiöse Rituale und Transfer des Sakralen: Zum widersprüchlichen Verhältnis von nationalsozialistischer „Volksgemeinschaft" und christlicher Glaubensgemeinschaft, in: Blaschke/Großbölting (Hg.), Was glaubten die Deutschen, S. 351–369

Thieme, Sarah, Nationalsozialistischer Märtyrerkult. Sakralisierte Politik und Christentum im westfälischen Ruhrgebiet (1929–1939), Frankfurt am Main/New York 2017 dies., Praktiken der (Doppel-)Gläubigkeit vor Ort: Advents- und Weihnachtsfeiern von NSDAP und NS-Frauenschaften, in: Blaschke/Großbölting (Hg.), Was glaubten die Deutschen, S. 113–137

Verhey, Jeffrey, The Spirit of 1914. Militarism, Myth and Mobilization in Germany, Cambridge 2000

Vollnhals, Clemens, Theologie des Nationalismus. Der christlich-völkische Publizist Wilhelm Stapel, in: Gailus/Vollnhals (Hg.), Völkische Theologen, S. 97–117

Vondung, Klaus, Deutsche Wege zur Erlösung. Formen des Religiösen im Nationalsozialismus, München 2013

Wehler, Hans-Ulrich, Deutsche Gesellschaftsgeschichte. Bd. 4: Vom Beginn des Ersten Weltkriegs bis zur Gründung der beiden deutschen Staaten 1914–1949, München 2003

Wein, Susanne, Antisemitismus im Reichstag. Judenfeindliche Sprache in Politik und Gesellschaft der Weimarer Republik, Frankfurt am Main 2014

Weitenhagen, Holger, „Wie ein böser Traum …" Briefe rheinischer und thüringischer evangelischer Theologen im Zweiten Weltkrieg aus dem Feld, Bonn 2006

Wippermann, Wolfgang, Kirche im Krieg, in: Erich Schuppan (Hg.), Bekenntnis in Not. Die Evangelische Kirche in Berlin-Brandenburg im Konflikt mit dem totalen Staat (1933–1945), Berlin 2000, S. 305–350

Wolf, Hubert/Thomas Flammer/Barbara Schüler (Hg.), Clemens August Graf von Galen. Ein Kirchenfürst im Nationalsozialismus, Darmstadt 2007

Wurm, Johann Peter, „Vom ‚Rohstoff' Kirchenbücher zum ‚Veredelungsprodukt' deutschblütiger Volksaufbau". Pastor Edmund Albrecht und die mecklenburgische Sippenkanzlei (1934–1945), in: Gailus (Hg.), Kirchliche Amtshilfe, S. 48–81

Zeck, Mario, Das Schwarze Korps. Geschichte und Gestalt des Organs der Reichsführung SS, Tübingen 2002

Ziemann, Benjamin, Zur Entwicklung christlicher Religiosität in Deutschland und Westeuropa, 1900–1960, in: Christof Wulf/Matthias König (Hg.), Religion und Gesellschaft, Themenheft Kölner Zeitschrift für Soziologie und Sozialpsychologie 65, Bd. 1, 2013, S. 99–122

ders., Martin Niemöller. Ein Leben in Opposition, München 2019

Personenregister

Bildnachweis

S. 22, 28: Ullstein Bildarchiv; S. 32: privat Marlies Flesch-Thebesius; S. 42: Archiv der deutschen Jugendbewegung in Witzenhausen; S. 46 u. S. 55: Bundesarchiv Koblenz; S. 67: Bundesarchiv Berlin; S. 76: NS-Dokumentationszentrum Vogelsang; S. 93: Archiv des Diakonischen Werks Berlin; S. 100, 107: privat Peter B. Loewenberg; S. 105: privat; S. 126: akg images; S. 138: Bundesarchiv, Bild 146-2005-0193 / Henisch / CC-BY-SA 3.0; S. 149: Scherl/ Süddeutsche Zeitung Photo; S. 154: privat Benjamin Hesse; S. 162: Bildarchiv Preußischer Kulturbesitz Berlin

Über den Autor

© Manfred Gailus

Manfred Gailus, Prof. Dr., geb. 1949, studierte Bildende Künste in Nürnberg und Düsseldorf und Geschichte und Politische Wissenschaften an der FU Berlin. 1988 promovierte er über sozialen Protest in der Revolution von 1848/49, im Jahr 1999 folgte die Habilitation an der TU Berlin über Protestantismus und Nationalsozialismus am Beispiel Berlins. Seit 2006 ist Gailus apl. Professor für Neuere Geschichte an der TU Berlin, zuletzt lehrte er am Zentrum für Antisemitismusforschung der TU Berlin.